À Édouard, Arthur et Héloïse
À Jajou et Guy

Remerciements des auteurs
Nous tenons particulièrement à remercier tous ceux
qui nous ont donné leurs belles photos et prêté leurs jolis sourires,
et sans qui la réalisation des pages d'albums présentées
dans cet ouvrage n'aurait pas été possible.
Nous remercions également les élèves des Ateliers de Bianca,
et tous ceux qui au fil des pages ont encouragé notre créativité.

Les pochoirs employés dans la réalisation des pages d'album figurant
en pages 29 et 34, ainsi que l'angle de repère présenté en page 10
sont la propriété exclusive des auteurs. Ils ne peuvent être reproduits
à des fins commerciales. Tous droits réservés.

Direction éditoriale : Christophe Savouré
Édition : Gaëlle Guilmard
Direction artistique : Laurent Quellet, Armelle Riva et Isabelle Mayer
Conception graphique et mise en pages : Filigrane
Fabrication : Catherine Maestrati
Crédits photographiques : Christophe Rottier
(photos étapes des pages 8 à 10,
14 à 37, 40 à 63 et 66 à 79) ;
Élise Rebiffé (ambiances des pages 7, 11-12,
38-39, 64-65 et couverture).

Photogravure : IGS-Charente Photogravure
Imprimé par Pollina, France - n° L95679

Dépôt légal : novembre 2004
ISBN : 2-215-07602-X
2ème édition - n° 92448

© GROUPE FLEURUS, novembre 2004
15-27, rue Moussorgski
75895 Paris Cedex 18

MARTINE CARLIER

NOUVELLES TECHNIQUES DE
SCRAPBOOKING

MARIE-SOPHIE SIMON

FLEURUS

SOMMAIRE

LES SECRETS DU SCRAPBOOKING   6

JOUER AVEC LES PHOTOS   12

Imbrications à quatre photos   14

Compositions en triangles, losanges, diagonales…   22

Les mosaïques   28

Mosaïques en roues   34

EMBELLIR AVEC DES ACCESSOIRES   38

Déchirer les photos   40

Souligner des découpes   44

Les œillets   48

Les papiers-calque colorés   52

Couture   58

RACONTER AVEC DES MOTS   64

Quel type de commentaire choisir   66

Mettre en forme les commentaires   68

LES SECRETS DU SCRAPBOOKING

Le scrapbooking est un loisir qui vient des États-Unis
et dont la traduction littérale signifie : « faire un livre (ou un album)
avec des chutes, des restes de petites choses ».
À partir de simples photos, il s'agit de mettre en valeur ses souvenirs
et de construire des pages qui vont raconter une histoire.
L'harmonie des pages se construit autour de diverses techniques
complémentaires : jeux de découpes autour des photos,
embellissements des pages avec divers accessoires et mise en scène
de commentaires. Et ceci en donnant toujours la priorité aux photos,
sujet principal des mises en pages.

Prendre ses photos différemment

Dès lors que l'on a « touché » au scrapbooking, on se surprend souvent à prendre ses photos différemment. Cette technique met d'autant plus en valeur les prises de vue, que celles-ci sont variées et colorées. Voici quelques conseils pour être encore plus créatif :

• Prenez des photos par beau temps : le premier secret d'une photo réussie, c'est la lumière.

• Variez plans larges et plans serrés, sur toutes sortes de détails colorés. Les photos de gros plans vous seront précieuses pour agrémenter vos pages, et garantiront l'harmonie des couleurs.

• Variez les prises de vues horizontales et verticales : les possibilités de mises en pages n'en seront que plus riches.

• Au moment du développement de vos photos, préférez un tirage brillant si vous utilisez le crayon aquarellable. En effet, ce crayon s'efface mal sur les photos mates. Enfin, évitez les bords blancs, car vous serez bien souvent obligé de les supprimer lors de la réalisation des mises en pages.

Choisir son album photo

L'album de scrapbooking est en principe toujours « modulable » : couverture et pages se choisissent séparément, pour s'assembler ensuite à l'aide de vis, dans l'ordre et l'épaisseur de votre choix. Outre le côté indéniablement pratique d'un tel système (on a le droit de se tromper, on peut modifier une séquence, intercaler des photos oubliées, en supprimer...), il offre une grande liberté de création (comme choisir la couleur de fond pour chaque composition, par exemple). Fini les albums uniformes !
Pour le remplir, vous avez deux possibilités : l'approche traditionnelle, avec des pages cartonnées aux couleurs unies et variées, ou un système de pochettes en plastique qui vous permet de présenter photos et compositions – parfois très fragiles – à l'abri des traces de doigts.
Le format le plus répandu est le format carré, 30 x 30 cm. Il offre l'espace nécessaire pour agencer harmonieusement vos photos et leurs embellissements, tout en garantissant une parfaite prise en main de l'album. Les autres formats, 12 x 12 cm ou rectangulaire à l'italienne (24 x 30 cm) sont moins répandus mais permettent, sur une surface plus réduite, la mise en page d'un événement particulier.

Des matériaux sans acide

Afin de préserver vos albums, tout ce qui va entrer en contact avec vos photos devra impérativement être certifié « sans acide », ou encore « de pH neutre ». En effet, l'acidité prolonge le développement des photos et les fait jaunir avec le temps. Pensez-y au moment de l'achat des adhésifs, papiers et albums photos.
À noter, on trouve dans le commerce des crayons testeurs de pH qui permettent de vérifier rapidement si le matériel que vous souhaitez utiliser contient ou non de l'acide.

INTRODUCTION

La découpe des photos
Découpe au massicot

C'est un outil indispensable pour réaliser les découpes droites en respectant les angles droits. Il est d'une utilisation très simple : ses nombreuses graduations (en abscisse et en ordonnée) vous évitent de prendre des mesures préalables au crayon. Vous le trouverez en deux tailles, 20 et 30 cm, mais il est préférable d'opter pour le plus grand modèle qui offre plus de possibilités (dont une règle escamotable très pratique). Dans les deux cas, la lame se remplace très facilement.

Confectionner un pochoir
• Agrandissez la forme souhaitée à la photocopieuse, éventuellement à différentes tailles, en vous limitant au format de vos photos.
• Utilisez la photocopie comme du papier-calque : crayonnez largement au dos du tracé puis reportez la forme sur un morceau de cartonnette ou de plastique rigide de type rhodoïd, en repassant au stylo sur le tracé.
• À l'aide d'un cutter de précision, évidez la forme du pochoir en suivant précisément les contours.

Découpe à l'aide d'un pochoir
Appelés aussi gabarits, ils permettent de tracer très précisément les traits de coupe sur une photo ou un papier de fond. Ils sont généralement présentés en planches sur lesquelles figure une forme à différentes tailles, ce qui est très utile pour choisir celle qui sera la plus adaptée à votre recadrage. Ces planches sont disponibles dans le commerce dans une grande variété de formes, mais vous pouvez aussi les réaliser vous-même (voir ci-dessus).

Mode d'emploi :
• Posez le pochoir sur la photo et recherchez la taille et la forme la plus appropriée au sujet à mettre en valeur.
• Veillez à ce que la photo soit présentée bien droite sous la forme du pochoir, afin que l'image soit collée droit dans votre album. En maintenant fermement le pochoir sur la photo, tracez son contour au crayon aquarellable.
• Découpez délicatement, aux ciseaux ou au massicot, en prenant soin de faire tourner la photo dans les ciseaux afin d'éviter les crans disgracieux.
• Effacez les traces de crayon à l'aide du chiffon doux ou d'un disque d'ouate avant de coller la photo.

Découpe à l'aide d'un pochoir rigide
Ces plaques en plastique perforées de rails concentriques permettent le passage précis d'un cutter à tête pivotante. Ce système plus sophistiqué (mais aussi plus cher que les pochoirs) permet d'obtenir une coupe extrêmement précise. Notez que vous n'avez qu'une seule forme par plaque.

Mode d'emploi :
• Posez la photo sur le plateau du massicot et rabattez la règle transparente. Faites glisser le cliché dessous, pour que la ligne de coupe désirée et la rainure du plateau coïncident.
• Tout en maintenant la photo en place, faites glisser doucement la lame dans son rail. Appuyez suffisamment fort pour ne pas avoir à repasser en sens inverse. La coupe obtenue sera impeccable.
• Pour couper à angle droit, calez l'un des côtés de la photo contre le talon du massicot et, en maintenant la photo bien en place, faites glisser la lame.

NOUVELLES TECHNIQUES DE SCRAPBOOKING

Embellir ses pages

Les papiers

Unis, imprimés, opaques ou transparents, ils apportent à vos mises en pages la touche personnelle qui distinguera votre album des autres. Utilisés en page entière comme fond, ou bien découpés en ornement de vos photos, leur rôle est de rehausser vos prises de vue en les mettant en valeur par le jeu des couleurs (voir « Jouer avec les couleurs »). Pensez à vous procurer un éventail de papiers de couleur suffisamment large pour pouvoir les combiner librement et créer des compositions originales et harmonieuses..

Les papiers-calque

Aussi appelés « velums » (voir p. 52), ils s'utilisent en papier de fond, mais aussi par-dessus les photos. Ils laissent ainsi entrevoir leurs formes en modifiant délicatement les couleurs. Il en existe de diverses tonalités, qui se coordonnent parfaitement aux différents papiers de fond employés en scrapbooking.

Les embellissements

Ce sont tous ces petits détails qui viennent agrémenter vos pages aux côtés des photos.

• *Les perforatrices fantaisie* existent dans de multiples formes et tailles. À partir du papier de votre choix, elles permettent d'obtenir des figurines de forme parfaite, également appelées « punchies » dans le vocabulaire anglo-saxon. Lorsque leur contour est très travaillé, la découpe est plus difficile ; il est alors recommandé de retourner la perforatrice sur le plan de travail et d'appuyer avec la paume de la main afin d'exercer une pression un peu plus importante sur l'outil.

Astuce : après une utilisation prolongée, il arrive que le système se grippe un peu. Procurez-vous alors du papier de verre très fin et perforez-le plusieurs fois de suite pour aiguiser l'emporte-pièce.

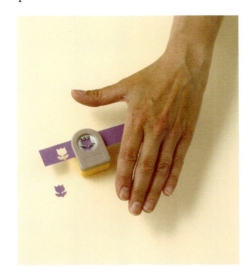

• *Les ciseaux fantaisie* sont des ciseaux dont les lames dentelées permettent de découper des frises décoratives variées dans les bordures des papiers de fond. Il est souvent plus aisé de découper le bord d'un papier après avoir collé la photo par-dessus : c'est le bord de la photo qui servira alors de guide.

• *Les œillets :* ces petits ornements en métal léger, de formes rondes ou figurées, permettent de fixer photos, papiers ou tout autre élément de décoration, ensemble ou sur la page d'album (voir p. 48). Ils se posent à l'aide de deux outils (le perforateur et l'écraseur) dont le diamètre doit être identique à celui des œillets à poser. Pour obtenir un résultat impeccable, il est recommandé d'utiliser un tapis de protection.

• *Les attaches parisiennes :* ce vieux système de fixation de bureau, a ici été détourné pour servir d'ornement à vos pages de scrapbooking. Leur emploi est simple : il suffit d'insérer les deux branches de l'attache parisienne dans l'ouverture d'un papier (faite au préalable au cutter) puis de les écarter sur l'envers pour maintenir l'attache en place.

• *Fibres et rubans :* ici encore, on a détourné les « trésors » que peuvent renfermer une mercerie pour enrichir vos mises en pages de couleurs et de textures variées : toutes sortes de brins de laine, de coton ou de raphia vous serviront à orner étiquettes et photos. Les rubans plats peuvent quant à eux servir de support pour glisser photos ou commentaires imprimés.

Les adhésifs

Il existe de nombreux types d'adhésif, depuis la colle en stick jusqu'au stylo-colle qui permet de déposer avec précision de petites quantités de colle sur des surfaces réduites, en passant par l'adhésif double face qu'il convient de choisir dans un boîtier qui ôte la pellicule protectrice lors de l'application (ce qui est un gain de temps non négligeable !).

• *Les petits carrés de mousse double face* (présentés en rouleau ou en rectangles prédécoupés) sont également très utiles pour surélever une photo ou un embellissement sur son fond.

INTRODUCTION

• *Les points de colle extra-fort* (aussi appelés « glue dots » dans le vocabulaire anglo-saxon) sont également très astucieux. D'une largeur de 3 à 8 mm de diamètre, ils se posent au dos de boutons, objets métalliques, etc., ce qui permet de les fixer solidement sur les pages d'albums.
• *Les feuilles de transfert* permettent d'encoller uniformément des surfaces opaques ou transparentes (papier-calque). Il suffit de glisser la découpe à encoller entre la feuille recouverte d'adhésif et la feuille protectrice, de refermer et de lisser du dos de la main. Il ne reste plus qu'à reprendre les papiers ainsi encollés qui se poseront comme de vrais autocollants !
• *Le ruban adhésif repositionnable* est quant à lui indispensable pour maintenir provisoirement deux éléments côte à côte sans craindre de les voir bouger pendant la manipulation. À utiliser sans modération !

Les autres outils

• *L'angle de repère* est un outil astucieux qui garantit de coller droit n'importe quel objet à n'importe quel endroit de votre page. Grâce à ses nombreuses graduations, vous pouvez repérer un emplacement exact au milieu de votre page, par mesure simultanée de ses distances aux bords horizontaux et verticaux.

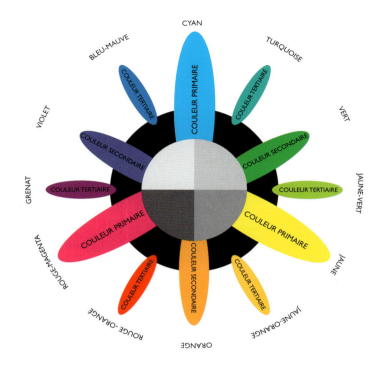

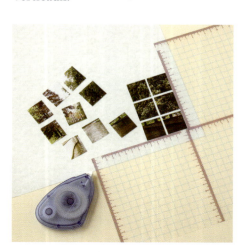

Jouer avec les couleurs

Il y a parfois tant de belles couleurs contenues dans nos photos qu'il est difficile de choisir celles qui rehausseront la mise en page. Comment les harmoniser entre elles pour que la page soit élégante ? C'est l'usage d'un outil très pratique, la roue des couleurs, qui vous permettra de trouver la réponse. C'est un cercle chromatique sur lequel sont disposées couleurs primaires, secondaires et tertiaires.
• Les couleurs primaires sont appelées ainsi, car elles ne peuvent être créées en mélangeant d'autres couleurs. Elles sont au nombre de trois : le jaune, le rouge et le bleu.
• Les couleurs secondaires sont obtenues par le mélange de deux couleurs primaires. Elles sont aussi au nombre de trois : violet (rouge + bleu) ; orange (rouge + jaune) ; vert (bleu + jaune).
• Les couleurs tertiaires sont au nombre de six et sont obtenues par mélange d'une couleur secondaire avec l'une des deux couleurs primaires qui la compose : grenat (violet + rouge) ; bleu-mauve (violet + bleu) ; rouge-orangé (orange + rouge) ; jaune-orangé (orange + jaune) ; turquoise (vert + bleu) ; jaune-vert (vert + jaune).
Pour une belle harmonie de votre page, tenez compte des couleurs dominantes de vos photos, et équilibrez les couleurs en ayant recours soit aux complémentarités des couleurs, soit au dégradé des tons d'une même couleur.
• Si vous n'utilisez que deux couleurs, associez les couleurs complémentaires, diamétralement opposées sur la roue des couleurs. La complémentaire d'une primaire est la couleur secondaire résultant du mélange des deux autres primaires. Ainsi, le vert est la couleur complémentaire du rouge, le violet celle du jaune et l'orange celle du bleu.

10

NOUVELLES TECHNIQUES DE SCRAPBOOKING

- Si vous souhaitez choisir plus de deux couleurs, vous pouvez associer trois couleurs complémentaires ou bien choisir tout d'abord deux couleurs complémentaires, puis en choisir une troisième (voire une quatrième) dans un ton voisin d'une des deux premières.

Par exemple, si vous choisissez le rouge et le vert qui sont complémentaires, rajoutez un vert avec un ton en dessous puis, si nécessaire, un rouge avec un ton au-dessus.

- Vous pouvez également opter pour une mise en page monochromatique : une seule couleur est alors retenue, mais elle est déclinée en plusieurs tons.
- Enfin, pour mettre un détail en évidence, vous pouvez aussi ne choisir qu'une seule couleur vive dominante (comme le rouge, par exemple) et l'harmoniser avec une couleur neutre (comme un ton crème).

Tracer et écrire

- Le crayon dit « aquarellable » (spécial verre et porcelaine) est le complément indispensable du pochoir. Il permet en effet d'en tracer le contour directement sur la face avant des photos, sans craindre de se tromper, car il s'efface d'un simple coup de chiffon doux (type jersey de coton). Pensez à le tailler régulièrement, afin de garantir un trait fin, net et précis.

D'une manière générale, évitez d'utiliser les stylos à bille, sauf dans le cas des imbrications (voir p. 14) où c'est la photo elle-même qui sert de gabarit de traçage ; le crayon aquarellable, lui, laisserait des traces grasses sur le bord de celle-ci.

- Les stylos à encre gel sont très utiles pour écrire des commentaires directement sur les pages d'album, même foncées. Leur encre opaque est sans acide et ils sont disponibles dans une grande variété de couleurs.
- Les marqueurs opaques existent également dans toutes les couleurs et dans différentes épaisseurs de traits. Veillez à ce que l'encre soit sans acide.

Bien s'organiser
Classer ses photos

Rangez vos photos chronologiquement dans des boîtes en carton, type boîte à chaussures, après les avoir retirées de leurs pochettes. Séparez chaque pellicule par un intercalaire sur lequel vous noterez dates, lieux et noms des personnes présentées. Cela vous permettra de reconstituer vos souvenirs au moment où vous les mettrez en page.

Ranger le matériel

Rangez votre matériel à plat dans des couvercles de boîtes en carton. Triez-les par genre (perforatrices, ciseaux, stylos, etc.). Ainsi, vous trouverez plus facilement l'outil recherché. Les couvercles remplis à plat sont facilement empilables. Les mallettes de bricolage ou les petits meubles à compartiments multiples sont une autre solution lorsqu'on a beaucoup de matériel à stocker.

Les boîtes à chutes

Quand vous découpez photos ou papiers de couleur, récupérez toutes les chutes : elles vous serviront à agrémenter de nouvelles pages. Dès le départ, constituez-vous une boîte à chutes « photos » et une autre « papiers ».

11

JOUER AVEC LES PHOTOS

Apprenez à recadrer vos photos pour n'en garder que le meilleur, à les imbriquer entre elles pour harmoniser la page ou pour gagner de la place... Entraînez-vous aux nombreux jeux des découpes : vous embellirez vos albums de façon simple et spectaculaire !

TECHNIQUE

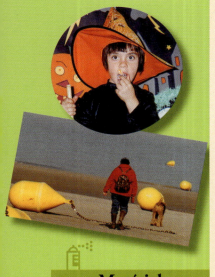

Matériel spécifique

Pochoirs ronds et ovales
Massicot portatif
Ciseaux droits
Cutter de précision
Perforatrices fantaisie

Conseils

• Lorsque l'on se sert d'une photo comme gabarit, il est déconseillé d'utiliser le crayon aquarellable. En effet, ce dernier laisse une trace bleue impossible à éliminer sur la tranche de la photo. Un stylo à bille fait tout à fait l'affaire.

• Pour qu'une composition soit équilibrée, conservez une symétrie dans la mise en page. Optez pour une organisation du type : 4 photos verticales ou 4 photos horizontales, ou 2 photos horizontales et 2 verticales. Une cinquième photo peut se loger au centre des 4 autres (voir p. 18). Pensez-y au moment du choix des photos !

IMBRICATIONS À QUATRE PHOTOS

Le principe de l'imbrication est très utile, car il permet de présenter quatre ou cinq photos sur une même page. Simples ou multiples, les imbrications donnent de la cohésion et du mouvement à l'ensemble. Les découpes doivent cependant être sobres et élégantes pour mettre en valeur les images mises en scène.

IMBRICATIONS SIMPLES

1 Superposez les 2 photos à imbriquer en veillant à ce que la partie à supprimer soit un détail peu important. Au stylo à bille, tracez le contour de la photo du dessus sur celle du dessous.

2 Découpez délicatement : au massicot pour les découpes droites, ou aux ciseaux pour les découpes en arrondi en faisant toujours tourner la photo dans les ciseaux plutôt que l'inverse afin d'éviter les crans disgracieux.

3 Collez les 2 photos en les espaçant de quelques millimètres.

IMBRICATIONS MULTIPLES

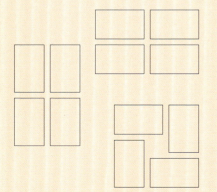

1 Disposez les 4 photos à imbriquer sur la page en tenant compte, pour chacune d'elles, des parties susceptibles d'être supprimées.

2 Repérez la coupe au stylo à bille (si la photo sert de gabarit) ou au crayon aquarellable (si vous utilisez un pochoir) sur les photos (voir photo étape p. 18) et découpez aux ciseaux comme précédemment.

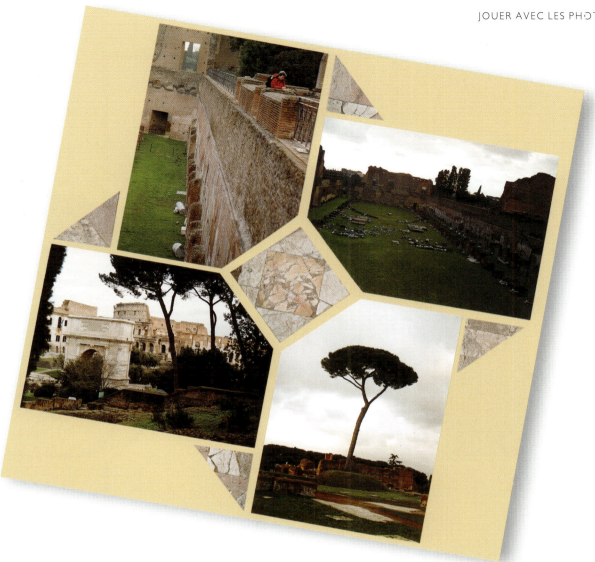

Deux photos verticales et deux horizontales sont ici réunies par l'ajout de photos de détail. Ces morceaux sont disposés pour former un carré, à la façon d'anciennes mosaïques.

GRAND CARRÉ

- À l'aide du massicot, recadrez 4 photos aux dimensions 10 x 14 cm. Disposez-les de sorte que les détails les moins importants soient près du centre.
- Tracez un trait à 4 cm du coin central, sur le bord vertical et le bord horizontal de chaque photo. Coupez l'angle au massicot.
- Dans une photo de détail (ici du marbre), coupez un carré de 5 cm de côté et 2 autres de 3,5 cm. Recoupez ces 2 derniers en 2 dans la diagonale pour obtenir 4 triangles.
- Collez les photos en les espaçant régulièrement. Collez enfin le carré central et les triangles sur l'extérieur de la composition.

15

TECHNIQUE   IMBRICATIONS À QUATRE PHOTOS

Une simple imbrication droite entre les angles juxtaposés de quatre photos permet de loger une image ou un texte carré au centre de la page.

ANGLES TRONQUÉS

- Sélectionnez 2 photos verticales et 2 autres horizontales. Disposez-les de façon que les détails les moins importants soient près du centre.
- Tracez un trait à 4 cm du coin central, sur le bord vertical et le bord horizontal de chaque photo. Coupez l'angle au massicot.
- Collez chaque photo sur un papier de fond de la couleur de votre choix, légèrement plus grand que la photo. Recoupez le dépassant au massicot à 3 mm du bord.
- Recadrez une dernière photo afin d'obtenir un carré de 6 cm de côté. Collez les 4 images extérieures en les espaçant de quelques millimètres, puis collez la photo carrée au centre.

16

JOUER AVEC LES PHOTOS

Les quatre photos présentées ici sont légèrement recoupées sur leurs côtés communs. Effectuée à main levée, la découpe peut adopter toutes les formes imaginables. Ici l'ondulation, rappelle les vagues.

ONDULATIONS

- Disposez 4 photos en carré et chevauchez-les sur 1 cm environ. Au centre, glissez un carré de papier de couleur ; les photos doivent également en recouvrir les bords, sur 1 cm. Fixez soigneusement l'ensemble avec des morceaux d'adhésif repositionnable sur la face avant, ou permanent sur la face arrière.
- Tracez éventuellement un trait ondulé au crayon aquarellable puis, au cutter de précision muni d'une lame neuve, coupez les 2 épaisseurs de photos d'un geste souple. Travaillez de l'extérieur vers l'intérieur de la composition. Avant de vous lancer, entraînez-vous avec des rectangles de papier de la taille des photos choisies.

17

TECHNIQUE — IMBRICATIONS À QUATRE PHOTOS

Ici, l'écartement entre chaque photo est plus important que d'habitude. Cela permet d'insérer des bandes de papier de couleur ou tout autre embellissement qui personnalisera votre page d'album.

IMBRICATION SIMPLE

• Positionnez 4 photos sur votre plan de travail en les espaçant de 3 cm pour former un grand carré. Dans cet espace, placez des bandes de papiers de couleur (ou des chutes de photos). Maintenez-les en place avec de l'adhésif repositionnable. Posez un pochoir de Ø 10 cm bien au centre de la composition et repérez les traits de coupe au crayon aquarellable. Coupez les angles intérieurs des photos à l'aide de ciseaux.

• À l'aide d'un pochoir un peu plus petit (ici Ø 9 cm), coupez une autre photo en rond pour le centre. Collez-la au milieu de la page, puis collez les autres photos, bien verticales, ainsi que les bandes décoratives à 5 mm du rond central.

JOUER AVEC LES PHOTOS

Cette mise en page amusante se prête à tous les types de photos. Le jeu vient de l'imbrication qui, une fois décalée, n'en est plus une, de fait…

HÉLICE

- Disposez 4 photos en alternant verticales et horizontales et en les alignant sur un axe central imaginaire. Leurs coins doivent être bien jointifs au centre. Maintenez-les en place avec des morceaux d'adhésif repositionnable.
- Posez un pochoir rond de la taille souhaitée à cheval sur les 4 coins, bien au centre. Repérez la forme au crayon aquarellable et découpez aux ciseaux.
- À l'aide du même pochoir, coupez une autre photo en rond. Collez les photos sur la page en alignant leurs bords extérieurs et en les espaçant de 8 mm. Placez la photo ronde au centre de sorte qu'elle chevauche légèrement les angles des 4 photos.

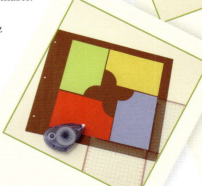

TECHNIQUE IMBRICATIONS À QUATRE PHOTOS

Différents arrondis se répondent dans cette composition symétrique, pour former les quatre pétales d'une fleur et donner un aspect doux et équilibré à la mise en page.

FLEUR

- Recadrez 4 photos horizontales aux dimensions du pochoir ovale de votre choix. Ici un rectangle de 12 x 9,5 cm, pour un ovale de 12 cm de large et 9,5 cm de haut. Déterminez leur ordre dans la composition et maintenez-les en place avec de l'adhésif repositionnable.
- Placez le pochoir ovale bien à l'horizontale sur les photos et, sur des angles opposés de chacune d'elles, repérez le trait de coupe pour former des pétales puis découpez. Prenez soin de conserver intacts les angles du centre et de l'extérieur.
- Disposez les photos en les espaçant de 5 mm. Coupez une autre photo avec un pochoir rond de Ø 8,5 cm. Posez le même pochoir à cheval sur les 4 photos et tracez le rond au crayon aquarellable. Découpez et collez les photos en les espaçant.

JOUER AVEC LES PHOTOS

La répétition sur quatre photos d'un même motif d'imbrication « négatif » d'un côté, puis « positif » de l'autre, permet aux photos de s'imbriquer comme quatre pièces d'un puzzle.

IMBRICATIONS SUCCESSIVES

- Sélectionnez 4 photos de 10 x 15 cm horizontales et déterminez l'ordre d'imbrication.
- Travaillez dans le sens des aiguilles d'une montre. Sur la photo en haut à gauche, tracez une ligne verticale à 1,5 cm de son bord droit. Placez un pochoir ovale de 10 x 15 cm bien à l'horizontale et tracez l'arrondi entre le trait vertical et le bord extérieur. Découpez.
- Au stylo à bille, reportez l'arrondi sur la photo suivante, après avoir aligné les deux bords extérieurs et découpez.
- Sur cette même photo, tracez une ligne horizontale à 1,5 cm du bord inférieur. Placez le pochoir, tracez et découpez. Reportez l'arrondi sur la troisième photo.
- Poursuivez ainsi pour les 4 découpes restantes en respectant l'alternance en « positif » et en « négatif » des imbrications.

TECHNIQUE

Matériel spécifique

Massicot portatif
Pochoir losange
Cutter de précision
Règle métallique
Cartonnette

Conseils

Vous pouvez également confectionner vous-même votre pochoir (voir p. 8) en agrandissant l'une des formes ci-contre à la taille souhaitée.

COMPOSITIONS EN TRIANGLES, LOSANGES, DIAGONALES…

Les découpes en oblique constituent une variante intéressante aux formes rectangulaires. Tracées à l'aide d'un pochoir ou au contraire au jugé, on les découpe ensuite à l'aide du massicot. La multiplication des angles donne un ton dynamique à la mise en page.

LA DÉCOUPE EN OBLIQUE

1. Un pochoir losange peut servir de guide pour recouper en oblique 2 côtés opposés d'une photo. Placez-le dans l'un des angles de la photo en veillant à aligner l'un de ses côtés avec le bord horizontal de la photo. À l'aide du crayon aquarellable, tracez l'oblique puis prolongez-la jusqu'au bord horizontal opposé.

2. Procédez de la même manière en partant de l'angle opposé de la photo. Coupez au massicot.

3. Au contraire, si vous souhaitez conserver les lignes verticales droites, alignez alors le pochoir avec le bord vertical de la photo et procédez de la même manière.

Lignes horizontales droites

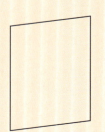 

Lignes verticales droites

JOUER AVEC LES PHOTOS

Toutes les découpes horizontales sont ici déviées en oblique. Les sujets restent droits, mais la page se structure autour de lignes descendantes dans une jolie harmonie visuelle.

OBLIQUE

- Sélectionnez 4 ou 5 photos et recoupez les bords supérieurs et inférieurs en oblique (voir p. 22).
- Variez les proportions de vos recadrages en créant des formes volontairement étroites et longues ou, au contraire, larges et plus courtes. Disposez-les sur la page d'album en équilibrant les volumes.
- Comblez les espaces laissés libres en intégrant ici et là des chutes de photos recoupées elles aussi.
- Soulignez d'un trait 2 angles opposés (voir p. 44).

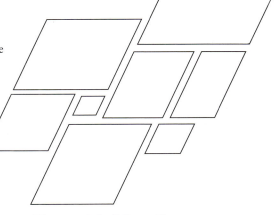

Découpes verticales déviées en oblique

23

TECHNIQUE TRIANGLES, LOSANGES, DIAGONALES

Une même forme de triangle répétée plusieurs fois permet de juxtaposer huit photos différentes. L'alternance de gros plans et de panoramas rythme la composition et donne un joli effet de moulinet.

MOULINET

- Tracez un carré de 10 x 10 cm et coupez-le dans la diagonale pour obtenir un triangle.
- Dessinez un patron global de mise en page. Déterminez l'emplacement de chacune des photos dans la composition, en veillant à les positionner bien droit sous le pochoir pour que les personnages ne soient pas collés de travers sur la page d'album.
- Repérez la forme au crayon aquarellable, coupez au massicot et collez les photos, sans laisser d'espace entre elles.
- Découpez des spirales à la perforatrice fantaisie pour animer la page.

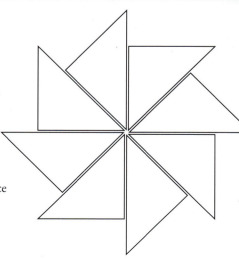

JOUER AVEC LES PHOTOS

Cette composition très libre permet de présenter jusqu'à sept ou huit photos ensemble. Les sujets sont recadrés en plans assez serrés, au gré de votre inspiration, et s'assemblent facilement en s'emboîtant.

TRIANGLES IRRÉGULIERS

- À l'aide du massicot, coupez les photos en triangle en vous laissant guider par le sujet principal de la photo. Coupez des formes de tailles et de configurations différentes. Disposez-les sur la page en les espaçant plus ou moins et en laissant volontairement des espaces vides par endroits.
- Comblez ces espaces avec des triangles recoupés dans les chutes des photos en préservant les harmonies de couleurs. Vous pouvez aussi remplacer l'un de ces triangles par un morceau de papier sur lequel vous inscrirez un titre ou un commentaire (voir pp. 66-69).
- Pour finir, encadrez la composition en traçant un trait au marqueur (voir p. 44).

25

TECHNIQUE   TRIANGLES, LOSANGES, DIAGONALES

Incliner ses photos en diagonale, voilà qui donnera une note de fantaisie à vos pages d'album. Cette mise en scène est facile à réaliser avec n'importe quelle photo, à condition d'en connaître le secret.

DIAGONALE

- Sélectionnez 4 ou 5 photos et déterminez leur place sur la page d'album en les recadrant en rectangles plus petits si cela est nécessaire.
- Disposez les photos en diagonale sur la page, en laissant volontairement certains bords dépasser. Collez-les en place. Pour les côtés qui dépassent de la page, réservez une marge libre (non encollée) d'au moins 1,5 cm.
- Glissez délicatement un morceau de cartonnette sous les bords non collés des photos. À l'aide d'un cutter de précision et d'une règle métallique, coupez parallèlement au bord de la page. Recommencez sur les autres côtés de la page.
- Collez le bord des photos.

JOUER AVEC LES PHOTOS

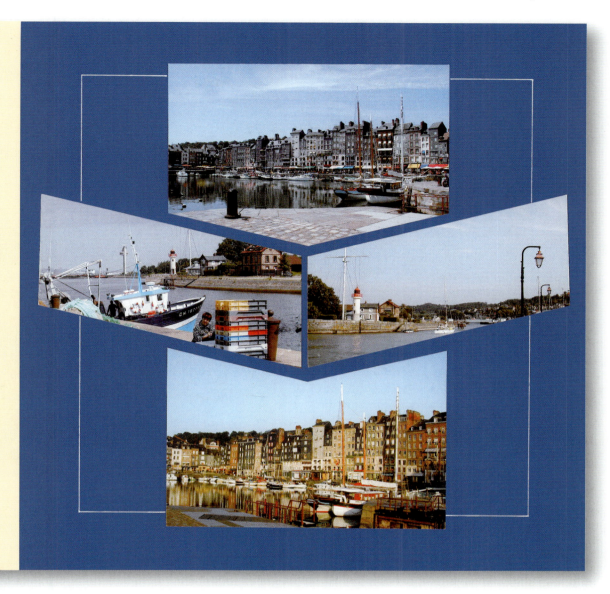

Cette composition symétrique se construit avec quatre photos horizontales qui s'imbriquent en V. Elle convient particulièrement aux photos de paysage.

IMBRICATIONS EN V

- Sélectionnez les 2 photos centrales, et réduisez-les en un rectangle de 14 x 9 cm. Avec un pochoir losange, coupez les 2 grands côtés de la photo de gauche en oblique « descendant » et ceux de la photo de droite en oblique « montant » (voir p. 22).
- Au crayon aquarellable, tracez une ligne verticale au milieu de la photo du haut. Alignez les 2 photos obliques le long de cette ligne en faisant coïncider la pointe basse du V avec le début de la ligne. Tracez le contour inférieur au stylo à bille et coupez au massicot.
- Au stylo à bille, reportez la forme en V sur le haut de la photo du bas et coupez. Emboîtez et collez les 4 photos en les espaçant régulièrement. Encadrez la composition d'un trait de marqueur (voir p. 44).

27

TECHNIQUE

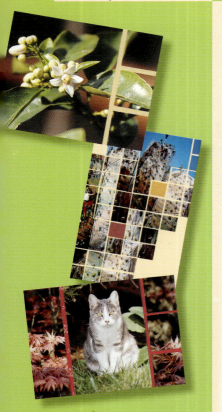

Matériel spécifique

**Grilles de calibrage ou plastique transparent (type chemise plastifiée)
Grilles de positionnement
Feutre indélébile
Massicot
Petits ciseaux fins à bouts pointus
Ruban adhésif repositionnable**

LES MOSAÏQUES

Les mosaïques offrent l'occasion de compositions à la fois sobres, graphiques et esthétiques. Elles se divisent en deux grandes familles : les mosaïques éclatées et les mosaïques imbriquées. Une fois les secrets de leurs techniques acquis, vous verrez que leurs déclinaisons sont nombreuses !

LA MOSAÏQUE ÉCLATÉE

Les photos sont découpées en petits carrés de même taille. Elles sont ensuite reconstituées sur la page d'album, chaque carré étant espacé régulièrement. Servez vous d'une *grille de calibrage* pour visualiser très vite comment vous devez découper la photo afin de centrer les détails principaux dans les carrés.

1 Sur le plastique transparent, dessinez des grilles de calibrage dont les carrés mesurent 2, 3, 3,5 et 4 cm, ou achetez en une toute faite. Déterminez la juste taille des carrés qui constitueront la mosaïque et qui permettra de cadrer correctement les sujets figurant sur les photos.

Les découpes n'ont pas été faites au hasard : les visages des personnages se situent au centre des carrés. Cela aide à conserver une lecture aisée de l'image.

2 Posez la grille sur chaque photo et repérez la partie que vous souhaitez conserver, en veillant à ne pas faire passer de ligne de coupe au milieu d'une tête ou d'un détail important.

3 Découpez les photos en carrés et disposez-les au fur et à mesure sur la table jusqu'à ce que la mosaïque soit complète. Collez-les, bande par bande, en les espaçant régulièrement.

À faire

À ne pas faire

LA MOSAÏQUE IMBRIQUÉE

Les photos qui composent cette mosaïque sont recadrées en un seul morceau dont la taille et la forme sont un multiple du carré de base plus les intervalles. Une fois collées, les photos s'imbriquent entre elles à la façon d'un puzzle. Servez-vous d'une *grille de positionnement* qui permettra de recadrer votre photo à la bonne taille, sans devoir faire le calcul de la mesure des côtés et des intervalles. Vous pourrez en outre visualiser parfaitement l'imbrication des différentes photos entre elles.

La difficulté ici est de bien calculer la taille des différents éléments, pour qu'une fois assemblés, les morceaux s'emboîtent à la manière d'un puzzle pour reconstituer un grand carré parfait.

Conseils

Au brouillon, faites un croquis qui vous permettra de suivre le remplissage de la mosaïque au fur et à mesure des découpes. Chaque fois qu'une photo est découpée, biffez les cases correspondantes sur le croquis.
Déposez les morceaux au fur et à mesure sur votre plan de travail, exactement dans l'ordre dans lequel vous voulez les coller ; la mosaïque prendra forme peu à peu, et cela vous aidera à équilibrer la composition.

1 Dans chaque photo, cadrez la partie que vous souhaitez conserver à l'aide de la grille de positionnement. Au crayon aquarellable, repérez le contour du morceau choisi. Découpez les photos au massicot. Si vous souhaitez intégrer des petits carrés pris dans le prolongement d'un grand morceau de photo, enlevez la valeur de l'intervalle entre chaque carré, pour que l'image se prolonge dans une parfaite continuité.

2 Sur la page d'album, centrez la grille de positionnement et reportez les contours des différents morceaux à coller ou, plus simplement, maintenez la grille en place à l'aide de morceaux d'adhésif repositionnable et glissez les photos recadrées dessous. Collez-les à leur emplacement exact.

TECHNIQUE LES MOSAÏQUES

Cette mosaïque mixte, est animée par le détourage partiel de certains personnages. En effet, en contournant aux ciseaux une partie de leur silhouette, ces derniers semblent sortir de la page !

MOSAÏQUE DÉTOURÉE

• Sélectionnez les photos à détourer.
À l'aide du crayon aquarellable et de la grille de calibrage, recadrez chaque photo en un carré volontairement plus petit que la taille des personnages. Arrêtez les traits au niveau de la silhouette qui dépasse du carré.
• À l'aide de ciseaux pointus, découpez la silhouette dépassant du carré. Puis coupez les parties droites au massicot.
• Continuez la mosaïque en alternant le principe de la mosaïque éclatée et de la mosaïque imbriquée (voir pp. 28-29). Pour bien faire ressortir les parties détourées, choisissez autour des photos qui contrastent suffisamment entre elles.

JOUER AVEC LES PHOTOS

Cette mosaïque mixte est volontairement inachevée. Sa forme en escalier permet de souligner les trois étapes de l'escalade. La mosaïque s'élève sur la page à l'image de l'enfant qui progresse sur son mur.

MOSAÏQUE OUVERTE

• Pour illustrer les 3 étapes de l'ascension, retenez 3 photos principales. Recadrez-les en vous aidant des indications données pour la technique de la mosaïque imbriquée (voir p. 29) en leur donnant une forme d'escalier.
• Servez-vous de la grille de positionnement de votre choix pour recadrer les photos, construisez votre mosaïque et collez les photos sur la page d'album.
• Coupez les autres photos en carrés individuels selon la technique de la mosaïque éclatée (voir p. 28) et collez-les en comblant les espaces vides, soit en recomposant l'image, soit en mélangeant les morceaux. Découpez quelques carrés dans des papiers de couleur afin de rehausser la composition.

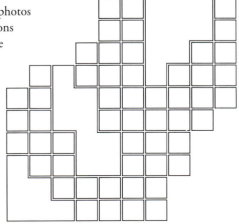

31

| TECHNIQUE | LES MOSAÏQUES | |

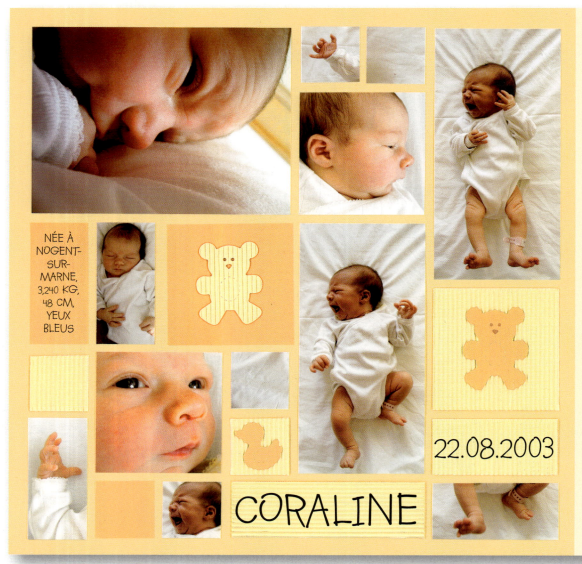

Cette mosaïque imbriquée met en scène une alternance de plans serrés et larges. Entre les photos, on peut aussi loger des souvenirs. L'harmonie des papiers donne une cohésion visuelle à l'ensemble.

MOSAÏQUE PANACHÉE

- À l'aide de la grille de positionnement de votre choix, et en vous aidant des indications données pour la technique de la mosaïque imbriquée (voir p. 29), recadrez les photos retenues à des tailles et des formes différentes. Isolez des détails dans certaines photos et variez la taille des morceaux.
- Laissez quelques espaces libres pour y inscrire un texte ou y loger quelques souvenirs (faire-part, boutons, morceaux de tissu ou figurines découpées).
- Choisissez 2 papiers de couleurs proches ; ils se logeront dans les espaces libres et serviront de support aux éléments rapportés. Inscrivez le texte à la main ou imprimez-le (voir pp. 68-69).

JOUER AVEC LES PHOTOS

Dans cette mosaïque mixte, l'emploi de différents papiers de fond permet d'encadrer les espaces autour des photos principales tout en faisant ressortir les morceaux.

JEU DE PAPIERS

• Sélectionnez 2 ou 3 photos principales et recadrez-les à l'aide de la grille de positionnement de votre choix (ici carrés de 3 cm de côtés).
• Complétez votre mosaïque en recadrant quelques photos de décor (ici le feuillage rouge) en carrés et rectangles multiples de 3 cm + les intervalles (voir p. 29). Recadrez une photo en un carré de 9 x 9 cm et éclatez-la en carrés et en bandes de 3 cm de côté (voir p. 28).
• Collez la mosaïque sur un papier de fond de couleur.
• À l'aide d'un cercle chromatique, choisissez un papier coordonné harmonieux (voir p. 10). Découpez-y des bandes de 5 mm de large. Collez-les à cheval sur les morceaux de photos, selon les axes de votre choix, de manière à délimiter visuellement la mosaïque en 3 ou 4 parties. De la même manière, encadrez la mosaïque de bandes pour finaliser la réalisation.

TECHNIQUE

MOSAÏQUES EN ROUES

Les mosaïques peuvent aussi se décliner dans des formes arrondies. Grâce à la forme proposée ici, vous pouvez couper vos photos en portion de cercle plus ou moins grandes, et les associer pour composer des roues plus étonnantes les unes que les autres.

TECHNIQUE

1 Avant de commencer, choisissez la forme que vous souhaitez donner à votre composition (voir les différentes variantes pp. 35-37) et faites un croquis de la roue sur un papier de brouillon.

2 Disposez devant vous toutes les photos que vous souhaitez assembler, et déterminez la place qui conviendra le mieux à chacune dans la roue. Commencez par les grands morceaux, et terminez par les plus petits qui pourront être pris dans des détails de photos (textures, matière, fleurs, etc.). Tracez le contour du pochoir au crayon aquarellable et découpez aux ciseaux droits.

3 Posez chaque photo découpée sur le croquis : ainsi vous verrez la composition prendre forme au fur et à mesure.

4 Centrez le pochoir sur la page d'album et maintenez-le en place à l'aide de morceaux d'adhésif repositionnable. Collez les différents morceaux de la roue en les glissant sous le pochoir : les espacements seront ainsi parfaitement réguliers.

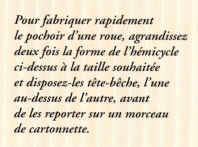

Pour fabriquer rapidement le pochoir d'une roue, agrandissez deux fois la forme de l'hémicycle ci-dessus à la taille souhaitée et disposez-les tête-bêche, l'une au-dessus de l'autre, avant de les reporter sur un morceau de cartonnette.

Matériel spécifique

Pochoir « hémicycle » ou cartonnette
Crayon aquarellable
Ciseaux droits
Adhésif repositionnable

Conseil

Veillez à toujours maintenir les photos bien droites sous le pochoir (bords de la photo toujours parallèles aux bords du pochoir) afin que le sujet photographié soit vertical une fois collé sur la page.

Astuce

Comme pour les mosaïques éclatées et imbriquées (voir pp. 28-29), une même photo peut « occuper » plusieurs portions voisines de la roue.

JOUER AVEC LES PHOTOS

Cette mise en page est idéale pour faire découvrir à son enfant les trois générations qui le précèdent. Aïeux paternels d'un côté, maternels de l'autre, il est aisé ainsi de visualiser qui est qui.

GÉNÉALOGIE

- Choisissez une photo de l'enfant et procurez-vous des photos de ses parents, grands-parents et arrière-grands-parents.
- Tracez une demi-roue au brouillon. Découpez la photo de l'enfant en rond et placez-la au centre. Construisez ensuite sa généalogie sur 3 générations, en cercles concentriques, du côté paternel d'un côté, du côté maternel de l'autre. Recadrez les personnages bien droits dans la composition (voir conseil p. 34).
- Placez le pochoir hémicycle sur la partie supérieure de la composition. À l'aide d'un applicateur en mousse, passez chacun des compartiments à la craie, en accentuant la couleur au fur et à mesure de votre progression vers le centre de la roue. À l'intérieur des formes, inscrivez l'état civil de chacun. Vous pouvez remplacer la craie par des papiers de couleur.

35

VARIANTE   MOSAÏQUES EN ROUES

DES IDÉES À L'INFINI

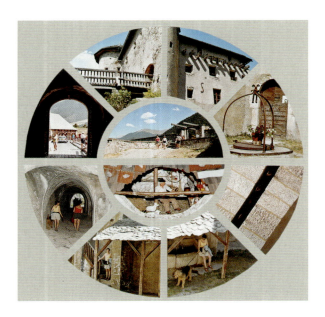

Demi roues ▲
Les formes de bases de l'hémicycle sont regroupées 3 par 3, pour créer une version plus homogène, où toutes les photos ont les mêmes proportions.

Jeu de l'oie ▲
Les fenêtres de la roue se transforment en cases de jeu. Déterminez la case « Départ » sur l'extérieur de la roue : c'est le début de l'année. Déroulez ensuite les événements, mois après mois, en tournant. Vous vous acheminez doucement vers l'intérieur. L'arrivée est au centre.

Horizontales ▲
4 photos horizontales composent l'essentiel de cette variante où les arrondis et les angles droits se répondent harmonieusement. Le centre n'est plus rond, mais carré !

Aux quatre coins ▲
Dans cette composition plus libre, 4 photos verticales et 1 horizontale sont mises en scène. Les quarts de ronds ont été dissociés et tournés, pointes aux 4 coins de la page.

JOUER AVEC LES PHOTOS

Quatre thèmes ▲
Pour 4 photos d'un thème pris sous 4 angles différents, réservez un quart de la roue à chacune d'elles. Placez chaque photo principale au centre, des petits morceaux de gros plans sur les bords extérieurs, collez-les sur des carrés de papiers de couleur appropriés et le tour est joué !

Variation sur quatre thèmes ▲
Le principe est le même que précédemment. Mais le centre arrondi n'existe plus. Parfois la photo centrale est éclatée (voir p. 28) et se prolonge sur la couronne extérieure.

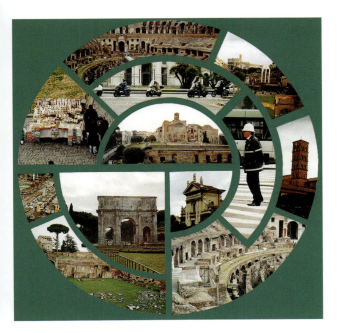

Puzzle ▲
Les sujets photographiés guident les formes de découpe. Emplacement vertical pour un personnage tout en hauteur ; horizontal pour un paysage tout en longueur. C'est la variété des formes associées qui fait l'originalité de cette composition.

Roue complète ▲
Cette mise en page est idéale lorsque l'on a pris des photos de nombreuses personnes différentes à l'occasion d'un mariage ou d'un anniversaire. Au moins 29 personnes peuvent coexister sur la même page. De quoi dresser un beau tableau de fête !

37

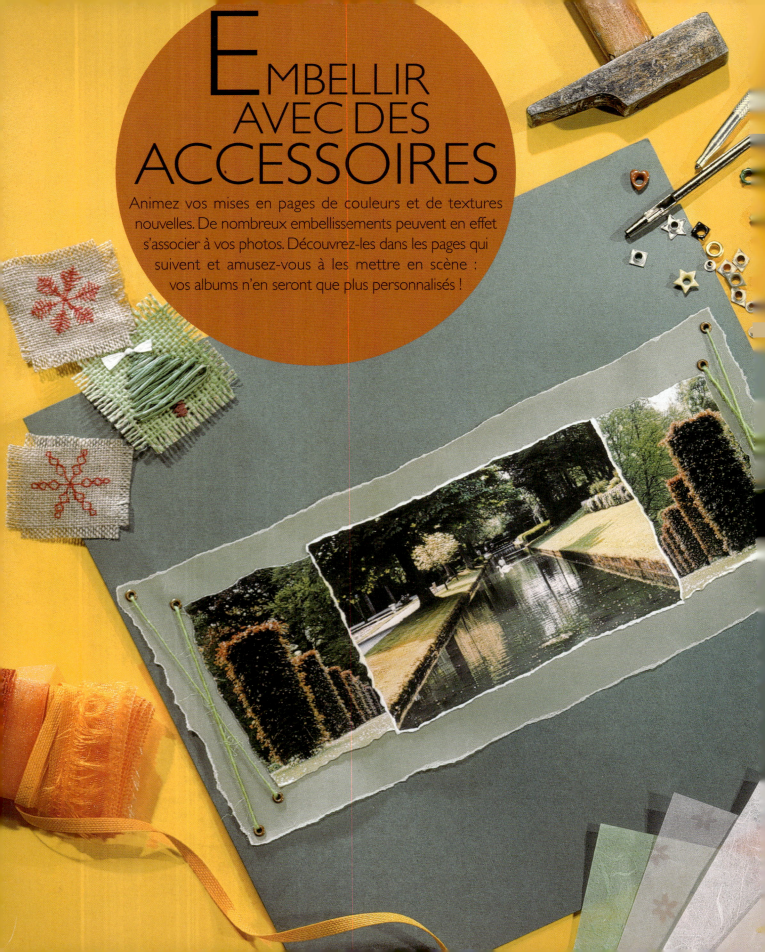

Embellir avec des accessoires

Animez vos mises en pages de couleurs et de textures nouvelles. De nombreux embellissements peuvent en effet s'associer à vos photos. Découvrez-les dans les pages qui suivent et amusez-vous à les mettre en scène : vos albums n'en seront que plus personnalisés !

TECHNIQUE

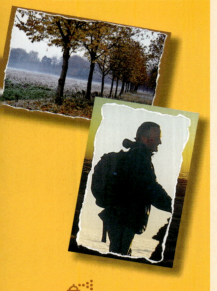

DÉCHIRER LES PHOTOS

Vous savez parfaitement cadrer et couper vos photos… mais seriez vous prêts maintenant à en déchirer les contours ? Bien que l'idée puisse surprendre, elle n'enlève rien à la qualité de l'image, bien au contraire ! L'effet obtenu peut même être très amusant.

DÉCHIRER AVEC PRÉCISION

Déchirure visible ou non
Le résultat dépend totalement de la manière dont on déchire la photo. En tirant vers vous le morceau que vous n'utiliserez pas, la déchirure apparaîtra sur le dessus. Inversement, si vous tirez ce même morceau vers votre plan de travail, la déchirure blanche apparaîtra dessous ; elle sera donc invisible et l'effet déchiré sera plus discret.

Déchirure large ou fine
On peut moduler la largeur de la déchirure en tirant plus ou moins vite, ou plus ou moins délicatement. Lorsque le geste est rapide, la déchirure est moins contrôlée ; elle sera donc aussi plus irrégulière. En revanche, si vous tirez centimètre par centimètre, elle sera beaucoup plus droite, fine et régulière.

Matériel spécifique

Papiers de couleur et photos
Cutter de précision
Règle métallique

Astuces

• Entraînez-vous avec un papier d'abord, puis avec une photo ratée. Vous verrez : le résultat est très facile à obtenir !

• On peut aussi déchirer le papier. S'il s'agit de papier fin ou à fibres, humectez l'endroit où vous voulez le déchirer à l'aide d'un pinceau ou d'un Coton-Tige.

À savoir
Le type de déchirure retenu donnera aussi un style différent à votre mise en page.
• Déchirure fine et régulière : si vous aimez les mises en pages bien « ordonnées ».
• Déchirure irrégulière plus grossière : si une mise en pages « moins organisée » vous séduit.

EMBELLIR AVEC DES ACCESSOIRES

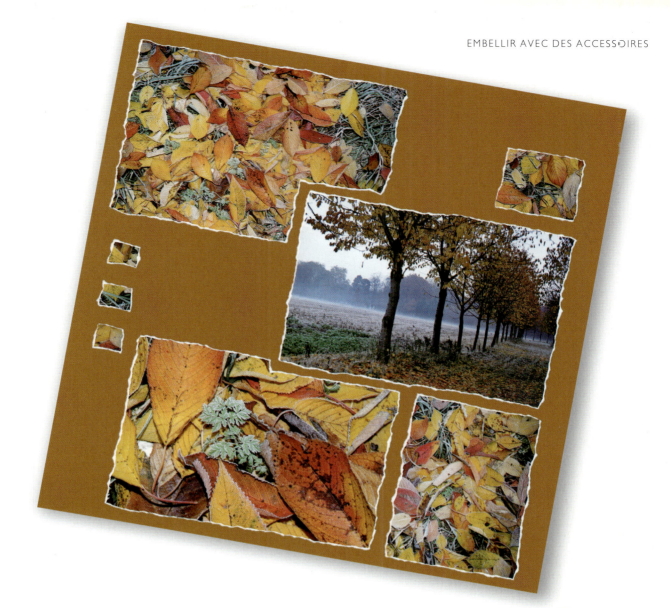

Sur cette page, les bords de toutes les photos ont été délicatement déchirés, créant ainsi un fin liseré blanc tout autour. Cela donne à l'ensemble un style un peu désuet, à l'image des vieux tirages aux bords blancs dentelés.

PHOTOS DÉCHIRÉES

- Sélectionnez 4 photos. Recadrez chacune d'elles en déchirant un à un leurs bords : en maintenant bien vos doigts proches du point de coupe, vous obtiendrez une bordure déchirée fine et régulière (voir p. 40).
- Déchirez certaines photos de sorte qu'elles s'imbriquent (voir p. 14).
- Pour finir, déchirez des petits carrés dans des photos de détails. Collez toutes les photos sur la page en veillant à équilibrer la composition.

41

TECHNIQUE | DÉCHIRER LES PHOTOS

Ce portrait est mis en valeur par la superposition de papiers imprimés en camaïeu. Le fond de page s'anime par le jeu des déchirures et donne du relief à la photo laissée intacte.

PAPIER DE FOND DÉCHIRÉ

• Choisissez 3 papiers de couleur dont l'un au format 30 x 30 cm servira de fond de page.
• Déchirez 2 bandes de 15 x 10 cm dans le papier prévu pour le dessus et 2 autres de 15 x 5 cm dans celui prévu pour le dessous. Tirez vers vous la portion non utilisée, en déviant la trajectoire pour que les superpositions ne soient pas trop régulières.
• Collez les bandes 2 par 2 sans encoller la bordure déchirée. Collez-les en diagonale dans 2 coins opposés. Retournez la page et, à l'aide d'une règle et d'un cutter, coupez ce qui dépasse de l'angle droit.
• Collez la photo au centre en la glissant sous l'une ou l'autre des déchirures.

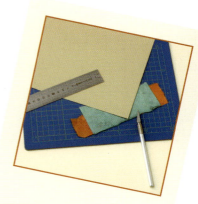

EMBELLIR AVEC DES ACCESSOIRES

DES IDÉES À L'INFINI

◀ **Passe-partout déchiré**
Collez la photo sur un rectangle de papier de couleur plus grand d'environ 1,5 cm de chaque côté. Déchirez le papier en utilisant le bord de la photo comme guide et en tirant la partie extérieure vers le plan de travail. Collez l'ensemble sur un autre papier de couleur.

Fenêtre déchirée ▲
Au crayon à papier, tracez un rectangle sur l'envers d'un papier imprimé. Ouvrez les deux diagonales au cutter, retournez le papier, et déchirez les bords intérieurs en tirant délicatement les triangles vers vous.

En relief ▲
Deux tirages d'une même photo permettent ce jeu de profondeur entre la photo du dessous (laissée entière) et celle du dessus (déchirée). Cette dernière est surélevée à l'aide de petits morceaux de mousse double face de 3 mm d'épaisseur.

Superpositions ▲
La photo principale est recouverte d'une photo verticale dans laquelle on a ouvert une fenêtre déchirée (voir ci-dessus).

43

TECHNIQUE

SOULIGNER DES DÉCOUPES

L'usage d'un simple marqueur contribue à structurer une page en soulignant les découpes des photos. En effet, quelques traits dessinés avec précision créent un lien entre les photos et harmonise l'ensemble.

TRACER AU MARQUEUR

Soulignage arrondi
Utilisez un pochoir de taille légèrement supérieure à celle de la photo que vous souhaitez souligner. Fixez dessous quelques morceaux de mousse pour le surélever et éviter que l'encre ne bave sous le pochoir. Déplacez-le autour de la photo jusqu'à ce que vous trouviez la place qui vous convienne. Au marqueur, tracez l'arc de cercle correspondant.

Soulignage droit
Au crayon à papier, repérez discrètement les lignes que vous souhaitez tracer. À l'aide de la règle plate, tracez au marqueur les traits correspondants, en prenant soin de bien poser la règle (voir le conseil ci-contre).

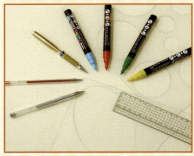

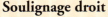

Matériel spécifique

Marqueurs de différentes couleurs, à encre opaque, sans acide
Pochoirs
Carrés de mousse double face
Règle plate

Conseil

Veillez à utiliser une règle plate biseautée. Elle doit être posée bien à plat, partie creuse en dessous, de sorte que l'encre du marqueur ne bave pas sur le papier.

Avant
La mise en scène manque de cohésion.

Après
En encadrant la page l'ensemble est plus structuré.

EMBELLIR AVEC DES ACCESSOIRES

De simples « cadres » suffisent à mettre en valeur des photos non découpées. L'astuce consiste à dessiner en décalé des rectangles qui correspondent au format des photos.

SOULIGNAGE DROIT

• Recadrez vos photos à l'aide du massicot. Puis, dans une feuille de papier de brouillon, ouvrez une fenêtre de la taille des photos : elle vous servira de « cadreur ». Si les photos sont de formats différents, ouvrez autant de fenêtres que nécessaire.
• Posez le cadreur sur chaque photo et déterminez le meilleur cadrage. Repérez son positionnement au crayon à papier.
• Tracez alors le cadre à l'aide de la règle et du marqueur de votre choix. Pour cela, veillez à aborder la photo le plus perpendiculairement possible : cela permet d'éviter que le tracé soit dévié sur son contour.

45

TECHNIQUE | SOULIGNER DES DÉCOUPES

DES IDÉES À L'INFINI

Soulignage arrondi ▶
Dans cette composition, la forme arrondie des photos est accentuée par l'encadrement partiel, qui adoucit l'ensemble. Il permet également de relier des photos entre elles. Ce style s'adapte à tous les styles de photos.

Encadrements imbriqués ▼
Procédez comme pour l'exemple de la page 45, mais décalez le cadrage de façon parallèle ou réunissez les éléments de 2 photos dans un même cadre. Le résultat est d'autant plus réussi que les photos ont un fond uniforme, qui laisse le trait de marqueur bien visible.

46

EMBELLIR AVEC DES ACCESSOIRES

Pointillés ▶
Les photos, recadrées en rond ou portion de ronds, sont ensuite soulignées de pointillés. N'hésitez pas à réunir dans un même contour de trait plusieurs ronds imbriqués, et à contourner les détourages s'il y en a.

Compartiments ▼
Tracez un cadre à 1,5 cm du bord de la page. Recadrez les photos en ronds. Certains ronds sont recoupés en 2 et imbriqués entre eux. Chaque photo ou groupe de photos est ensuite encadré pour former une unité à la manière d'une mosaïque. Ajoutez des papiers de couleur pour souligner certains compartiments.

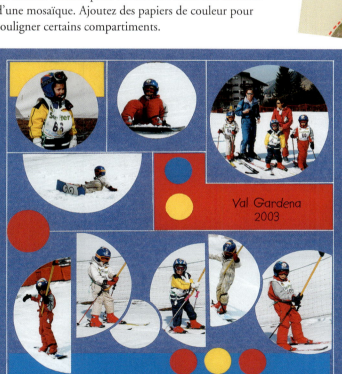

Encadrer une page ▶
Les 2 photos horizontales sont coupées et séparées en 2 par l'insertion de 2 photos verticales. L'ensemble est structuré par un trait de marqueur formant un carré tout autour de la page.

47

Technique

LES ŒILLETS

Ces petits décors en métal léger permettent de fixer et d'embellir papiers et photos, tout en apportant une touche créative à vos compositions. Un petit détail raffiné qui personnalisera votre travail…

Matériel spécifique

Œillets de coloris divers
Outil perforateur
Outil écraseur
Marteau
Tapis de découpe spécial
Papiers, papiers-calque colorés
Fibres de textures et de couleurs différentes

Conseil

À l'aide de morceaux de ruban adhésif repositionnable, fixez sur le tapis de découpe spécial la feuille (ou la photo) sur laquelle vous souhaitez poser l'œillet. Cela évitera qu'elle ne glisse sous l'impact des coups de marteau !

Astuces

Une fois fixés, l'arrière des œillets n'est pas très esthétique. Il est donc préférable de les poser sur un papier, qui sera lui-même collé sur votre page d'album. Si vous souhaitez les fixer directement sur la page, prévoyez d'emblée une mise en page au dos pour les camoufler.

POSER UN ŒILLET

1 Repérez discrètement l'endroit où vous voulez fixer l'œillet.

2 Placez l'outil perforateur sur le repère, bien perpendiculaire à votre plan de travail. Au marteau, frappez à petits coups jusqu'à percer le papier ou la photo. Vous donnerez plus d'impact à vos coups si vous tenez votre marteau juste sous la tête. En général, 3 ou 4 coups suffisent.

3 Insérez l'œillet dans la perforation et retournez la feuille en maintenant le tout bien en place. Positionnez l'outil écraseur dans la tige de l'œillet, frappez une ou deux fois au marteau jusqu'à ce que la corolle s'ouvre (sans toutefois l'éclater). Retirez l'outil et écrasez délicatement au marteau, pour bien aplatir l'ensemble. Trop d'épaisseur nuirait à l'album !

Important

On trouve couramment 2 diamètres d'œillets (3/8e et 5/8e de pouce, soit 1,5 mm et 3 mm). En achetant vos outils, veillez à ce qu'ils aient le même diamètre que celui de vos œillets !

EMBELLIR AVEC DES ACCESSOIRES

Basée à l'origine sur une construction géométrique à neuf carrés, cette page est personnalisée par la mise en scène de son titre fixé par des œillets et des liens de raphia.

ORNER UNE ÉTIQUETTE

• Recadrez 5 photos en carrés de 8 cm de côté. Coupez aux mêmes cotes 4 carrés dans 2 papiers de couleurs complémentaires. Sur la page, collez les 9 carrés obtenus en les espaçant de 1,5 cm.
• Agrémentez les papiers de fond de figurines. À l'aide d'une perforatrice d'angle, recoupez les coins d'une photo de 10 x 15 cm non recadrée. Passez-y un brin de raphia que vous fixerez au dos de la photo.
• Posez un œillet (voir p. 48) aux 4 coins d'un rectangle de papier qui servira de support à votre titre. Passez un brin de raphia coordonné et collez l'ensemble à cheval sur la photo principale.

49

TECHNIQUE — LES ŒILLETS

DES IDÉES À L'INFINI

Tour de photo ▶
Ici 4 œillets ont été posés à 1 cm du bord de la photo. Des brins de laine (2 de 10 cm, et 2 autres de 15 cm) ont été glissés dans chacun d'eux et fixés au dos de la photo de manière à créer un encadrement original qui rappelle la couleur des rhododendrons.

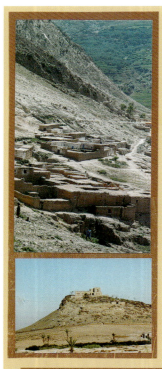

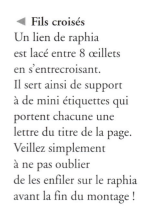

◀ **Fils croisés**
Un lien de raphia est lacé entre 8 œillets en s'entrecroisant. Il sert ainsi de support à de mini étiquettes qui portent chacune une lettre du titre de la page. Veillez simplement à ne pas oublier de les enfiler sur le raphia avant la fin du montage !

EMBELLIR AVEC DES ACCESSOIRES

Fils tendus ▲
Dans cet exemple, un œillet a été fixé à chaque angle de la photo. À chacun d'eux, une petite ficelle a été nouée (nœud caché sous la photo), puis tendue jusqu'au bord du papier de fond et enfin fixée sur l'envers.

Étiquette ▶
La photo est recoupée en forme d'étiquette avec des ciseaux fantaisie, puis collée sur un papier de couleur. Celui-ci est recoupé à la forme de la photo, dans un format plus grand. Un œillet a été posé en haut de l'étiquette, afin de permettre le passage d'un lien.

Coins repliés ▲
La photo est collée sur un papier dépassant de 1 cm de chaque côté. Les 4 angles sont rabattus sur la photo et maintenus avec du ruban adhésif repositionnable le temps de la perforation des 3 épaisseurs. Les œillets sont ensuite posés selon la technique habituelle.

51

TECHNIQUE

LES PAPIERS-CALQUE COLORÉS

Le papier-calque (que les scrapbookeuses chevronnées appellent aussi « velum ») est un papier très fin qui laisse entrevoir les formes en modifiant délicatement les couleurs de la photo qu'il recouvre. Ce jeu de transparences adoucit les mises en pages et le résultat obtenu est toujours un peu magique…

CONSEILS ET TOURS DE MAIN

Maniement et conservation
Le papier-calque est à manipuler avec précaution, car le moindre pli laisse des marques blanches définitives. Autant que possible, conservez les feuilles dans leur pochette d'origine, et ne posez pas d'objets lourds dessus.

Découpe au massicot
Le papier-calque étant très fragile, il arrive qu'on l'abîme lors de la découpe au massicot. La lame peut en effet « accrocher » le papier au démarrage, le plisser et créer des marques irréparables. Pour y remédier, amorcez la coupe aux ciseaux afin que la lame du massicot s'y engage facilement.

Un collage invisible
Le papier-calque a pour particularité de ne pouvoir être collé avec les adhésifs habituels, car ils se voient par transparence. Cependant, 2 types de colle conviennent parfaitement bien :
Les feuilles de transfert : elles sont formées d'une pellicule uniforme et très fine d'adhésif. Une fois posé dessus, le papier-calque se transforme en un véritable autocollant qui se colle de manière invisible.
Les colles en bombe : elles permettent de déposer de fines gouttelettes de colle qui seront invisibles sur le papier-calque. Protégez votre plan de travail au moment de l'application.

Sans papier-calque

Avec papier-calque

Matériel spécifique

Papiers-calque unis et fantaisie, de différentes couleurs
Feuilles de transfert ou colle en bombe
Massicot
Ciseaux droits
Cutter de précision
Œillets et leurs outils (voir p. 48)
Attaches parisiennes

Astuce

Il est très facile d'imprimer un texte sur du papier-calque (voir pp. 66-69). Optez pour une imprimante à jet d'encre et, lors de l'impression, choisissez la qualité « brouillon », qui déposera moins d'encre et réduira le risque de bavures. Laissez bien sécher l'encre avant de manipuler la feuille.

EMBELLIR AVEC DES ACCESSOIRES

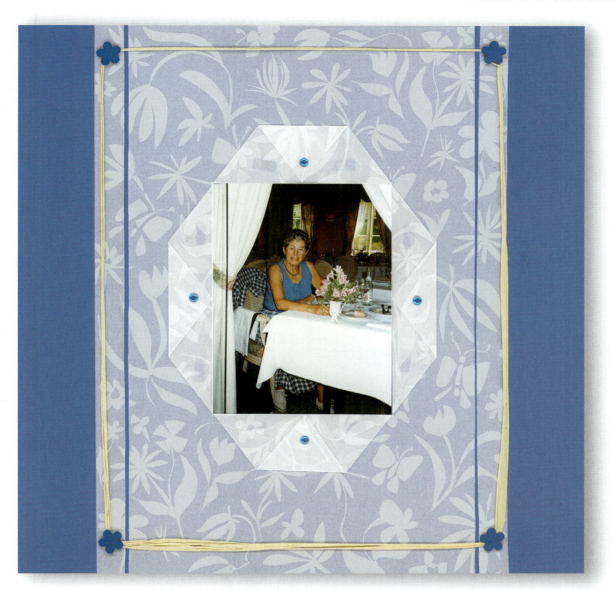

Une fenêtre de papier-calque fantaisie, repliée et fixée par quatre œillets, met en valeur la photo présentée dessous, tel un écrin ouvert.

FENÊTRE REPLIÉE

- Sur l'envers d'une feuille de papier-calque fantaisie de format A4, tracez, d'un trait léger, un rectangle de 10 x 15 cm.
- Au cutter, coupez les diagonales puis, sur l'endroit, repliez 2 fois les triangles obtenus pour former la fenêtre. Fixez les pliages à l'aide d'un œillet (voir pp. 48 et 51).
- Au massicot, coupez 2 bandes de 1,5 cm de large dans la feuille de papier-calque. Collez la photo au centre de la page, puis le papier-calque et les 2 bandes de chaque côté en les espaçant. Posez des attaches parisiennes aux 4 coins de la composition et passez un brin de raphia pour encadrer le tout.

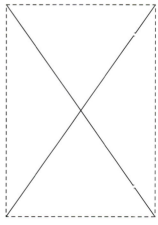

Coupez les diagonales et pliez en suivant les pointillés.

53

TECHNIQUE — LES PAPIERS-CALQUE COLORÉS

Trois papiers-calque aux tonalités vives et fraîches s'entrecroisent en de larges bandes pour former le fond de page. Un second papier-calque imprimé sert de support au texte et à la photo principale.

TRESSAGE

- Débitez 3 feuilles de papier-calque en bandes de 3 cm de large.
- Disposez 4 bandes horizontales en alternant les couleurs et maintenez-les avec de l'adhésif repositionnable. Glissez une à une toutes les bandes verticales, dessus/dessous, pour obtenir un tressage et maintenez-les temporairement en place. Terminez le tressage horizontal.
- Posez des attaches parisiennes aux 4 coins du tressage. Maintenez les bandes en place en collant de l'adhésif double face aux endroits qui seront masqués par les photos ou les papiers.
- Agrémentez de photos, recadrées ou détourées, collées sur un papier de fond coloré ou un papier-calque fantaisie.

EMBELLIR AVEC DES ACCESSOIRES

Rêverie au bout de la jetée

Un simple jeu de transparences entre deux photos et une bande de papier-calque suffit à animer la page. Notez l'alternance des positions par rapport au papier-calque, en particulier d'un détail détouré du phare.

DÉTOURAGE PARTIEL

• Choisissez une photo verticale et une horizontale. Sur la première, repérez un détail à détourer. Tracez une ligne verticale au crayon aquarellable pour délimiter le détourage. Détourez le sujet au cutter en vous arrêtant à la ligne verticale.

• À l'aide d'œillets (voir p. 48) ou d'attaches parisiennes, fixez une bande de papier-calque de 7 cm de large sur la page. Glissez et collez la photo verticale dessous en faisant passer le détail détouré par-dessus.

• Coupez la photo horizontale afin que le carré obtenu à gauche s'ajuste à la largeur de la photo verticale du dessous. Collez en alignant le tout.

TECHNIQUE | LES PAPIERS-CALQUE COLORÉS

Les nombreuses photos d'un anniversaire ont toutes trouvé leur place dans cette mise en scène amusante. On les devine par transparence grâce au papier-calque. Et pour les voir tour à tour, il suffit de faire tourner la roue !

ROUE MOBILE

• Agrandissez le gabarit de la roue (voir p. 80) de façon à obtenir un cercle de Ø 28 cm. Par transparence, reportez l'emplacement des cercles sur une feuille de papier-calque de 30 x 30 cm. Découpez au cutter et aux ciseaux.
À l'aide d'une attache parisienne fantaisie, fixez la roue au centre de la page d'album.
• Dans les photos, à l'aide de pochoirs, découpez 9 ronds de Ø 4 cm et 5 autres de Ø 7,5 cm.
• Collez les photos sur la page en vous servant de la roue pour repérer leur emplacement.

EMBELLIR AVEC DES ACCESSOIRES

DES IDÉES À L'INFINI

Effet déchiré ▲
Un morceau de papier-calque de dimension supérieure à la photo a été déchiré de sorte que les déchirures soient apparentes (voir p. 40). Les deux parties ont ensuite été fixées sur la photo à l'aide d'œillets (voir p. 48) puis ajustées au massicot.

Papier-calque décoré ▲
Ouvrir ainsi une fenêtre sur un détail permet de bien le mettre en valeur. Il suffit ensuite d'agrémenter le papier-calque de figurines fantaisie puis de le fixer sur la photo à l'aide d'œillets (voir p. 48).

Lamelles alternées ▲
Une fois la photo coupée en lamelles de tailles différentes, 2 bandes de papiers-calque de 6 et de 7,5 cm de large ont été fixées sur la page à l'aide d'œillets. Les lamelles ont ensuite été collées dessus/dessous, en alternance irrégulière.

Fenêtres ▲
Un papier-calque moucheté recouvre la totalité de la page, laissant entrevoir au travers de ses fenêtres les 5 photos qui sont glissées dessous. Cet effet de transparence est un clin d'œil au voile de la mariée !

57

TECHNIQUE

COUTURE

La couture est une technique simple à la portée de tous. À la machine ou à la main, elle ouvre des horizons très créatifs aux mises en pages, car tout devient possible ! Grâce à ce moyen, on peut en effet assembler papiers, photos ou toute autre matière qui inspire.

COUDRE À LA MACHINE

1 Maintenez les papiers à assembler en place à l'aide de morceaux d'adhésif repositionnable.

2 Choisissez une couleur de fil convenant à la mise en page. Positionnez la composition sous l'aiguille et choisissez un style de point : point zigzag ou point droit, espacement des points large ou serré, etc. sachant que les points larges donnent un résultat plus visible.

3 Chaque fois que vous souhaitez changer de direction, maintenez l'aiguille plantée dans le papier avant de relever le pied-de-biche et de tourner la composition ; cela garantira une parfaite continuité à la piqûre.

4 À la fin de la piqûre, coupez les fils à environ 10 cm de la couture. Puis, à l'aide d'une épingle, tirez le fil du dessus vers la face arrière du travail. Nouez et coupez à 2 cm du nœud. La face avant reste ainsi bien nette (voir p. 59).

COUDRE À LA MAIN

1 De la broderie à la couture, tous les points sont permis pour coudre à la main. Munissez vous simplement d'une aiguille moyenne, dont le chas soit assez grand pour laisser passer fibres et raphia.

2 Si le papier que vous souhaitez coudre est très fin et risque de se déchirer, renforcez-le sur sa face arrière en collant de l'adhésif à l'endroit de la couture. Cousez au travers.

3 Démarrez toujours votre travail en piquant de l'arrière vers l'avant. Pour arrêter la couture, tirez le fil sur l'arrière et nouez-le avec celui du début, ou passez-les tous deux sous les points cousus.

Matériel spécifique

Fils de couleurs
Fibres de toutes sortes
Machine à coudre
ou aiguilles à chas large

Conseil

Si vous ne parvenez pas à faire ressortir l'aiguille exactement là où vous le souhaitez sur la face avant, piquez de l'avant vers l'arrière sans engager complètement l'aiguille : ce trou servira ensuite de repère pour piquer l'aiguille d'arrière en avant.

EMBELLIR AVEC DES ACCESSOIRES

Dans une composition simple comme celle ci, la touche personnalisée est apportée par un point couture sur les étiquettes servant de support aux commentaires et tout autour de la page, à la manière d'un cadre.

ENCADREMENTS

• Recadrez les photos choisies et collez-les comme vous le souhaitez sur la page. Coupez 2 rectangles de papier de fond, imprimez-y vos commentaires (voir p. 69) et collez-les.
• À l'aide de votre machine à coudre, surpiquez le tour de la composition au point zigzag en jouant sur l'espacement des points (serrés pour la couture horizontale, plus larges pour la verticale).
• Piquez le tour des étiquettes de commentaires au point droit.
• Rajoutez un brin de raphia rouge en haut des étiquettes et agrémentez de quelques figurines disposées symétriquement.

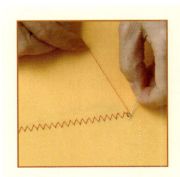

59

| TECHNIQUE | COUTURE |

Papiers de fond et photos sont assemblés par une couture à la machine volontairement pas très ajustée. Le résultat est plein de spontanéité, comme l'instant photographié, pris… sur le vif !

AU POINT DROIT

- Superposez 2 papiers de fond selon votre inspiration. Piquez le contour du plus petit papier sur le plus grand.
- Choisissez 2 photos et collez-les sur 2 rectangles de papier (l'un est opaque, l'autre en calque) de dimension plus grande. Déchirez les extrémités des petits côtés en choisissant le type de déchirure le mieux adapté (voir p. 40) et rabattez-les sur la photo. Maintenez les pliures avec des morceaux d'adhésif repositionnable.
- Piquez les 3 épaisseurs ensemble au point droit et collez sur la page d'album.
- Imprimez le commentaire sur une étiquette et fixez celle-ci sur un papier-calque. Cousez dans les angles. Collez à l'aide d'adhésif double face.

EMBELLIR AVEC DES ACCESSOIRES

Dans les Dolomites Avril 2003

Quatre photos sont simplement juxtaposées et reliées par un lien fin de papier photo. Cette technique est idéale pour toutes celles qui sont « allergiques » à la couture…

QUATRE PHOTOS LACÉES

- Disposez 4 photos de 10 x 15 cm de manière à former un grand carré. Maintenez-les en place en collant des morceaux de ruban adhésif au dos.
- Sur l'arrière, tracez un trait à 5 mm du bord du carré. Puis tracez des repères tous les centimètres. Perforez à l'aide d'une pince à petits trous.
- Dans des chutes de photos aux couleurs contrastées, coupez des lanières de 1 mm de large au massicot.
- Fixez d'abord une lanière sur l'arrière. Passez-la dans les trous, dessus/dessous, et fixez l'extrémité sur l'arrière. Faites ainsi le tour de la composition puis collez-la sur la page.

61

TECHNIQUE | **COUTURE**

DES IDÉES À L'INFINI

Pêle-mêle ▲
Quelques bandes entrecroisées maintenues entre elles par un simple point de croix suffisent à construire un pêle-mêle où seront glissés et collés photos, étiquettes servant de support à un titre ou à un commentaire, ou tout autre souvenir.

Photo cousue ▲
Une simple surpiqûre au point zigzag à la machine, tout autour de la photo, permet de fixer celle-ci sur son papier de fond.

◀ **Étiquettes cousues**
Des étiquettes décorées à l'aide de tampons encreurs sur le thème de la mer sont cousues au point droit sur le papier de fond, en « mordant » à chaque fois la photo afin de maintenir celle-ci en place.

62

EMBELLIR AVEC DES ACCESSOIRES

◀ **Point lancé**
Les lettres du titre sont découpées à l'aide d'un pochoir-lettres rigide et d'un cutter à tête pivotante, puis cousues à la main. La photo est quant à elle encadrée de 4 bandes déchirées (voir p. 40) du même papier que celui du fond. Ces bandes sont cousues en haut et en bas au point lancé.

Porte-étiquette ▶
Une idée toute simple : il suffit de rabattre sur un tiers le bas d'un simple rectangle de 20 x 6,5 cm. Ce rabat est ensuite maintenu en place à l'aide de quelques points de croix effectués de chaque côté. Il ne reste plus qu'à découper une étiquette de la bonne taille et à la glisser dans la « poche » ainsi formée.

Embellissement ▲
Un brin de raphia passé en bas de la page sert de base à une jolie frise agrémentée de figurines perforées. Un autre sert à fixer l'étiquette portant le titre, donnant ainsi une unité à la composition.

63

Raconter avec des mots

Pour transmettre la richesse de vos souvenirs, apprenez à retranscrire avec vos mots ces émotions qui accompagnent les images... Vous trouverez une foule de conseils pour vous aider à faire en sorte que vos photos racontent pleinement leur histoire et que vos albums deviennent la mémoire familiale !

TECHNIQUE

Matériel spécifique

Stylo gel et crayons à encre sans acide
Imprimante
Papiers de fond de différentes couleurs
Ruban adhésif repositionnable
Règle
Massicot
Cutter de précision
Œillets et attaches parisiennes

Conseils

*En variant le sujet de vos phrases, vous mettrez plus ou moins de distance avec votre lecteur :
- L'emploi du « je » ou du « nous » est la façon la plus directe et la plus familière d'exprimer ce que l'on ressent.
- L'emploi du « tu » (ou du « vous ») est plus chaleureux, car il s'adresse en premier lieu à la (ou les) personne(s) à qui est destinée la page, et qui figure(nt) sur les photos mises en scène.
- L'usage du « il/elle » est plus neutre, plus générique. Il présente cependant l'avantage de s'adresser à tous les lecteurs. Il est de ce fait moins personnel.*

QUEL TYPE DE COMMENTAIRE CHOISIR ?

Souligner chaque photo d'une simple légende ou composer un texte plus élaboré, employer un style narratif classique ou s'adonner au jeu ludique des questions ou des devinettes… Quel que soit le style employé, ajouter des mots autour de vos photos va donner une toute autre dimension à vos mises en pages. Dotés de commentaires, vos albums pourront véritablement transmettre toute la richesse de vos souvenirs.

Le commentaire est l'occasion d'évoquer ses souvenirs avec des mots. Selon le ton que l'on souhaite donner à la mise en page, on choisira tel ou tel type de commentaire. Aidez-vous des indications qui suivent pour choisir celui qui sera le mieux adapté à vos photos et à votre composition.

UNE LÉGENDE POUR CHAQUE PHOTO

Il permet d'apporter du rythme à la construction de la page tout en évitant de rédiger un véritable texte. C'est une solution très pratique lorsque chaque image vous inspire un commentaire.

UN TEXTE LONG

Il personnalise davantage le contenu de votre album, en vous donnant l'opportunité d'évoquer vos souvenirs avec précision et parfois émotion.

QUESTIONS ET DEVINETTES

C'est une façon originale de présenter ses commentaires. À l'instar des photos mises en scène, ils participent pleinement à la créativité de la page composée. Par ailleurs, cette technique autorise un ton ludique qui offre une interactivité avec le lecteur. Petite astuce : c'est aussi un bon moyen de démarrer lorsque manque l'inspiration…

QUE PEUT-ON ÉCRIRE ?

• À partir de vos photos, réunissez les informations qui répondent aux questions de base : qui, quoi, quand, comment, où, pourquoi ? Pour vous aider, rédigez quelques phrases expliquant le contenu de la photo.
• Si vous souhaitez étoffer votre texte, laissez-vous guider par les images :
– Repoussez la tentation de décrire le contenu exact de la photo. Le lecteur de votre album va voir la même chose que ce que vous décrivez, et l'ensemble n'en sera que répétitif et impersonnel.
– Racontez au contraire tout ce que le lecteur ne voit pas : les anecdotes, les mots d'enfants, les mésaventures contemporaines du moment photographié. Soyez précis dans les détails, car des années après, ce sont eux qui donneront une saveur particulière à vos souvenirs, en les rendant plus proches et plus « vivants ».
• Si vous souhaitez aller plus loin encore, mettez en avant le capital affectif lié à vos clichés.
Les photos rythment les temps forts de notre vie. Posez-vous alors la question : « Pourquoi cet événement, cet endroit, cette personne sont-ils particuliers pour nous, pour notre famille ? ». À quelles émotions vous renvoient ces images ?
Pour vous guider, employez des verbes issus d'un registre émotionnel :
– Lorsqu'il fait ceci, *je ressens* cela.
– Lorsque tu dis ceci, *je pense* à cela.
– Lorsque je vois ceci, *je me dis* que…
– *J'aime* ceci, *Je regrette* cela, *Je rêve* de… parce que…
– *J'admire* quand tu fais ceci/cela.

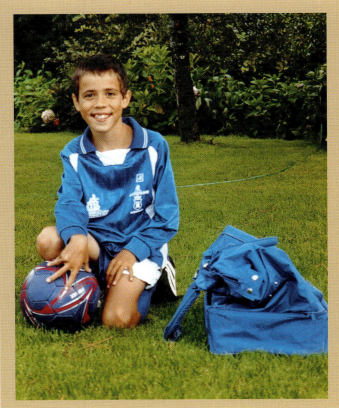

Trois commentaires possibles, trois styles différents :

1. *Avril 2004 – Valence – Édouard se prépare pour son tournoi de foot hebdomadaire.*

2. *Édouard avant sa partie de foot hebdomadaire dans l'équipe d'Artena. Il va défendre les couleurs de son école aux côtés de ses amis Alexandre et Simon. Il prend très à cœur sa position de défenseur, ce qui ne les empêche pas de perdre ; les autres membres du tournoi sont souvent plus âgés.*

3. *Lorsque tu te prépares pour ta partie de foot hebdomadaire, Édouard, toute la famille est très fière. Tu participes à un tournoi avec l'école, où tu défends avec tes copains, Alexandre et Simon, les couleurs d'Artena. Ton père est ton plus fervent supporter, ton petit frère est très admiratif… Avant de partir, tu vérifies que tu n'as pas oublié ton porte-bonheur, un caillou bien particulier, glissé dans la poche de ton sac de sport. Tu nous expliques sur le trajet ton rôle de défenseur, et les attaques dangereuses que tu as su déjouer le dimanche précédent. Vous ne gagnez pas souvent, mais quelle importance ? Tu es si heureux de participer, comme un « pro ». Ces moments avec toi sont précieux… un doux mélange de bonheur et de fierté…*

TECHNIQUE

Tu es ma fille câline

METTRE EN FORME LES COMMENTAIRES

Une fois les bons mots trouvés, il faut les mettre en scène. Les techniques abordées dans les chapitres précédents vont vous aider à disposer vos commentaires de façon créative. En variant le format de vos textes, en jouant sur leur présentation, les photos et les mots vont pouvoir se répondre en un ensemble graphique harmonieux.

MONTER UNE PAGE AVEC DES COMMENTAIRES

1 Sélectionnez vos photos et disposez-les dans l'ordre de lecture souhaité. Rassemblez vos idées et, au brouillon, notez ce que vous évoquent les images.

2 Décidez du style de commentaire et trouvez le titre ou la question d'ouverture adaptée. Rédigez votre texte au brouillon : qu'il soit court ou long, composez-le avec spontanéité, comme si vous racontiez l'événement à votre meilleure amie.

3 Parallèlement, déterminez la construction graphique de la page ainsi que la place à donner au texte. Répartissez celui-ci dans le nombre de paragraphes nécessaire. Si le support des textes est un papier de fond, découpez-le en même temps que les photos.

4 Pour finir, calibrez les textes à la main ou à l'ordinateur (voir p. 69) pour qu'ils « rentrent » dans les espaces alloués. Imprimez ou écrivez sur le papier définitif. Coupez et collez.

Conseil

Le morceau de papier de fond sur lequel votre texte sera imprimé doit être fixé sur la feuille de brouillon sur toute la longueur de sa partie supérieure, pour ne pas qu'il se bloque quand il sera avalé par l'imprimante.

quand ? le 19 Juillet 2004

qui ? Jacqueline dit maman, Jajou, Joum

quoi ? un bel anniversaire de 80 ans !

68

ÉCRIRE À LA MAIN

L'avantage : l'album n'en sera que plus personnalisé.

• Choisissez le stylo en fonction de la couleur du fond. Les stylos à encre opaque permettent une écriture lisible quelle que soit la couleur du papier.

• Écrivez d'abord votre texte au brouillon. Vous pourrez ainsi estimer plus facilement la place dont vous avez besoin. Au préalable, tracez un espace de la taille de l'espace prévu pour vos commentaires. Ajustez votre écriture afin d'occuper l'espace alloué.

• Pour écrire droit, tracez des lignes légères au crayon, ou collez du ruban adhésif repositionnable contre lequel vous appuierez votre écriture.

COMPOSER SON TEXTE À L'ORDINATEUR

L'avantage : vous maîtrisez parfaitement l'encombrement de vos textes, et pouvez vous amuser à varier les typographies.

CALIBRER UN TEXTE ET L'IMPRIMER

1 Ouvrez une page vierge dans votre logiciel de traitement de texte. Ouvrez ensuite une zone de texte sous Word (Dans le menu, sélectionnez : « Insérer » puis « Zone de texte »).

2 Donnez-lui la dimension voulue en largeur et en longueur.

IMPORTER UNE POLICE DE CARACTÈRE À PARTIR DE L'INTERNET

1 Créez un répertoire « Police de caractère ».

2 À partir du site Internet choisi, téléchargez la police de caractère vers ce répertoire.

3 Décompressez le fichier : faites un clic droit sur le fichier téléchargé et sélectionnez « Extraire vers » : une fenêtre s'ouvre ; suivez les instructions.

4 Pour installer la nouvelle police dans votre traitement de texte, ouvrez le « Panneau de configuration » puis la rubrique « Polices ». Cliquez sur le point d'interrogation (rubrique d'aide) qui vous expliquera la marche à suivre pour votre version de Windows.

3 Écrivez votre texte après avoir sélectionné la police qui vous plaît. Vous pouvez jouer sur la taille des caractères pour occuper exactement l'espace souhaité.

4 Imprimez une première fois votre texte sur un papier de brouillon pour vérifier que la disposition et l'encombrement vous conviennent. Ajustez si nécessaire.

5 Dès que la présentation vous convient, superposez le papier de fond (coupé à la taille du bloc texte) sur le texte imprimé. Pour cela, posez le montage contre une fenêtre et travaillez par transparence. Fixez-le bien en place à l'aide de ruban adhésif repositionnable et imprimez.

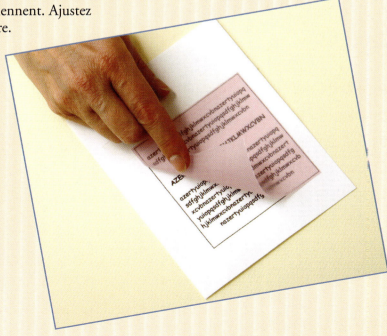

TECHNIQUE | METTRE EN FORME LES COMMENTAIRES

Des blocs de couleur relient plusieurs photos entre elles et permettent de présenter les différentes légendes : Ici les quatre surnoms préférés d'une maman pour sa fille, signe d'une grande complicité.

BLOCS DE COULEUR

- Sélectionnez 6 photos et, à l'aide du massicot, recadrez-les en carrés de 9 x 9 cm. Disposez-les dans l'ordre souhaité sur la page d'album.
- Choisissez 3 couleurs complémentaires de papier-calque (voir pp. 10-11 et 52) : ils serviront de support aux photos, au titre et aux légendes.
- Repérez le centre de la page et collez la photo centrale, puis progressez à partir de celle-ci, en variant les alignements entre les photos. Coupez des morceaux de papier-calque à la taille souhaitée et imprimez-les au fur et à mesure de votre progression. Terminez en les collant sur la page d'album.

RACONTER AVEC DES MOTS

De fines languettes de papier, fixées par des œillets, servent à la fois de guide pour glisser les photos et de support pour les légendes qui, sur cette page, se lisent à la suite.

LANGUETTES DE PAPIER

- Sélectionnez 6 photos. Au massicot, recadrez-en 2 en carrés de 8,8 cm et 4 en rectangles de 6 x 15 cm. Déchirez les petits côtés de ces derniers, tranche blanche apparente (voir p. 40).
- Collez les rectangles en bas de la page en les espaçant de 1,2 cm et les 2 carrés au-dessus.
- Composez les légendes sur une largeur de 7 cm, à 3 cm d'intervalle. Imprimez-les ou recopiez-les sur un papier de couleur harmonieuse. Recoupez-les en bandelettes de 1 x 8 cm (et en carré pour le pavé supérieur) et fixez-les à l'aide d'œillets (voir p. 48).

71

TECHNIQUE — METTRE EN FORME LES COMMENTAIRES

La lecture progresse ici dans le sens des aiguilles d'une montre, dans la chronologie des photos. Cette composition permet de mettre en scène des événements qui méritent chacun une explication.

LECTURE EN ROND

- Coupez 4 photos en rond à l'aide du pochoir de votre choix.
- Choisissez 4 papiers-calque de couleurs harmonieuses. Coupez dans chacun un rond de diamètre légèrement supérieur à celui des photos, et un rectangle de 2,5 x 4 cm environ.
- Rédigez 4 textes et calibrez-les afin qu'ils occupent l'encombrement disponible des rectangles (voir p. 69). Imprimez, disposez sur la page et collez.
- À l'aide d'un marqueur sans acide, tracez, à main levée, un trait reliant les 4 pavés de textes entre eux.

RACONTER AVEC DES MOTS

La chanson disait : « C'est une maison bleue, adossée à la colline ». Pour moi, c'est un chalet de bois accroché à la montagne. Je l'ai toujours connu, il fait partie de ma vie. Il est entré dans notre famille sur un coup de foudre de mes grands-parents, a été rénové par mes parents, mes oncles et tantes. Nous y avons passé des étés fabuleux, de rires, de balades et de randonnées, de veillées au coin du feu, des moments de folie entre cousins et cousines. Jeune adulte, la vie m'a menée aux quatre coins du monde.

Je n'y suis pas venue pendant de nombreuses années. Aujourd'hui, me voici de retour, avec mes enfants. Aujourd'hui, je réalise l'importance d'une maison de famille, un havre où tous ses membres se retrouvent. Certes, Grand-Papa et Bonne-Mamy me manquent, mais je me sens plus proche d'eux ici qu'ailleurs. Ils doivent être très heureux de voir le bonheur de leurs arrière-petits-enfants qui, comme nous tous, sont tombés amoureux du Chalet accroché à la montagne. Et la vie continue.

Cette photo de paysage est agrémentée d'un texte présenté en habillage, à la manière d'un article de journal. Le narrateur exprime ses sentiments en évoquant un endroit qui lui est cher.

TEXTE EN HABILLAGE

- Collez provisoirement la photo sur un papier de couleur de dimension supérieure. Recoupez le dépassant au massicot, à 6 mm du bord.
- Composez votre texte au brouillon. Mettez-le en forme à l'ordinateur en créant 6 boîtes de texte. Imprimez sur une feuille de papier-calque format A4.
- Collez la photo sur le papier-calque imprimé. Centrez et collez le papier de couleur derrière le papier-calque.
- Collez le montage sur la page en plaçant l'adhésif au dos du papier de couleur. Profitez éventuellement de l'opacité des dessins du calque pour y placer quelques languettes d'adhésif.

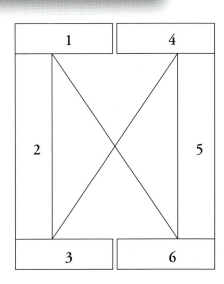

73

TECHNIQUE | METTRE EN FORME LES COMMENTAIRES

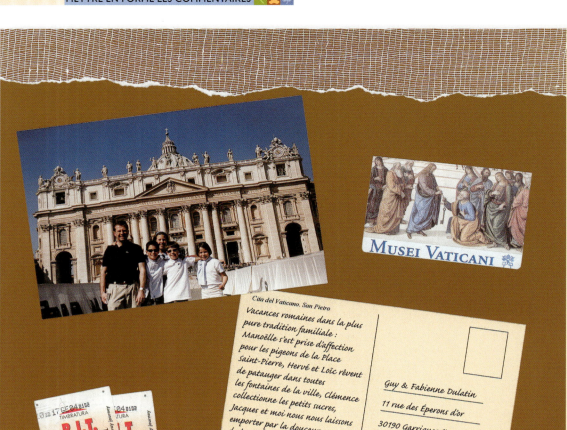

Suggérer une correspondance écrite peut être le fil conducteur d'un album de voyage. L'astuce est ici de reproduire le verso d'une carte postale. Quelques souvenirs enrichiront la page.

CARTE POSTALE

• Coupez un rectangle de papier aux dimensions exactes de votre photo. À l'aide d'un feutre fin noir, tracez des traits délimitant les zones d'écriture (voir modèle ci-contre).
• Rédigez votre texte au brouillon en tenant compte de l'encombrement disponible, puis reportez-le à la main au verso de la carte.
• Rajoutez un timbre qui évoquera l'endroit où se sont déroulées les vacances.
• Coupez 2 bandes de papier de 30 x 4 cm. Déchirez-les sur un grand côté (voir p. 40). Collez-les en haut et en bas de la page en n'encollant que la partie extérieure pour pouvoir glisser des souvenirs sous la partie intérieure.

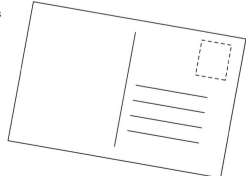

RACONTER AVEC DES MOTS

À toute heure de la journée, le bassin prend de superbes couleurs.

Le quai St-Étienne fait face au quai Ste-Catherine. La plus ancienne église de la ville, qui abrite aujourd'hui le musée de la Marine, s'y trouve.

La majorité des hautes et étroites maisons du quai Ste-Catherine sont recouvertes d'ardoises afin de résister aux assauts fréquents des vents marins.

L'église St-Léonard est située au centre du quartier qui porte le même nom. Son portail flamboyant est considéré comme l'un des derniers joyaux de l'art médiéval.

Chaque maison possède deux entrées, l'une au niveau le plus bas donnant sur le quai, l'autre, au 1er étage, qui s'ouvre sur la rue arrière.

L'église Ste-Catherine est la plus grande église de France construite en bois par les charpentiers de marine avec un clocher séparé.

Le Vieux Bassin de Honfleur accueille des vieux gréements tout au long de l'année. Certains en ont même fait leur port d'attache.

Au XVIIe siècle, les maisons ne possèdent pas de numéro, et les rues, pas de nom. Ce sont les commerçant qui font la distinction par leurs enseignes.

Ces maisons des XVIe, XVIIe et XVIIIe siècles furent dressées sur un terrain partagé en lots de 25 pieds de façade. On ne pouvait donc construire qu'en hauteur.

Elle est édifiée par les habitants de la ville qui, ne disposant pas de grands moyens, ont utilisé le bois provenant de la forêt de Touques, et leurs connaissances en construction navale.

Dix pavés de texte épousent exactement la largeur des photos, construisant une page sobre et graphique. Idéal pour un reportage de voyage où chaque photo nécessite son commentaire.

LÉGENDES EN COLONNES

- Sélectionnez 8 photos et, à l'aide du massicot, recadrez-les en bandes de 3,5 cm (sur 10 ou 15 cm selon que la photo est horizontale ou verticale).
- Collez la première photo à 3 mm du bord droit de la page. À l'aide d'une règle plate et d'un marqueur sans acide, tracez un trait de séparation vertical de 24 cm de hauteur, centré dans la page (voir p. 44). Sur le même principe, collez les autres photos en les décalant dans la hauteur.
- Composez le texte en bande de 3 cm de large. Sautez une ligne à chaque nouveau paragraphe et imprimez.
- Au massicot, ajustez la largeur de la bande à 3,5 cm. Coupez chaque pavé et collez-les sur ou sous les photos.

75

TECHNIQUE | METTRE EN FORME LES COMMENTAIRES

Ce montage avec six photos, dont trois se cachent derrière des volets qui se soulèvent, donne l'occasion d'un jeu interactif avec le lecteur. Une idée amusante pour casser la monotonie !

DEVINETTE

- Sélectionnez les 3 photos « visibles » du bas de la page et les 3 photos du haut, cachées sous les volets.
- À l'aide du massicot, recadrez les photos visibles à 9 x 11,5 cm et celles qui sont cachées à 9 x 10 cm.
- Coupez une bande de papier de 29,5 cm de long et 28,5 cm de haut. Pliez-la à 14 cm, dans la hauteur. Collez les photos cachées à l'intérieur, à hauteur du pli.
- Au crayon à papier, rabat fermé, reportez la position des 3 photos cachées sur l'extérieur du rabat. Coupez le rabat en trois morceaux indépendants, en suivant les repères. Habillez les faces intérieures d'un papier contrasté.
- Fixez ce montage sur la partie supérieure de la page. Collez les 3 autres photos dessous.

RACONTER AVEC DES MOTS

QUESTION D'OUVERTURE

- En observant la photo, réfléchissez à la question et, au brouillon, rédigez 5 ou 6 réponses possibles.
- Dans un papier de couleur harmonieuse, découpez des bandelettes de 1 x 10 cm pour écrire chaque réponse. Si vous utilisez une imprimante, composez le texte sur une largeur de 8 cm, en lignes espacées d'au moins 3 cm. Imprimez et découpez.
- Collez la photo. À l'aide d'œillets, fixez les bandelettes par les extrémités (voir p. 48) en les inclinant légèrement et sans les aligner pour donner un effet de familiarité et de légèreté à la lecture.

La page est construite autour d'une question d'ouverture.
Au-delà de leur note humoristique, chacune des réponses donne l'occasion de décrire le contexte des vacances passées.

77

TECHNIQUE — METTRE EN FORME LES COMMENTAIRES

À la façon d'une bande dessinée, différents modèles et plusieurs tailles de lettres se côtoient ici volontairement, pour donner du rythme et du dynamisme aux commentaires.

TYPOGRAPHIES PANACHÉES

- En observant les photos, réfléchissez à la question et, au brouillon, rédigez la réponse.
- Découpez divers papiers de couleurs harmonieuses et inscrivez-y mot à mot votre texte, en prenant soin de varier la disposition et la forme des lettres pour chaque mot. Si vous composez le texte à l'ordinateur, espacez bien les groupes de mots, voire les lettres d'un même mot. Choisissez pour chacun une typographie différente et pensez à agrandir certains caractères.
- Imprimez, coupez les différentes étiquettes ainsi obtenues, et fixez-les sur votre page.

RACONTER AVEC DES MOTS

Le titre de la page a été découpé en négatif dans le premier plan d'une photo. Ce travail minutieux apporte du relief et beaucoup de raffinement à la mise en page.

INCRUSTATION DE TITRE

- Sélectionnez une photo au fond homogène.
- Imprimez le mot à la taille désirée sur un papier de brouillon. Veillez à ce qu'il n'excède pas 15 cm de long si la photo est horizontale (10 cm si la photo est verticale).
- Collez le mot imprimé sur la photo avec de l'adhésif repositionnable. À l'aide d'un cutter de précision, évidez une à une les lettres, en veillant à couper en même temps l'épaisseur du papier de brouillon et celle de la photo.
- Collez la photo entièrement évidée sur un papier de fond contrasté.

79

Gabarit pour la réalisation de la roue mobile, p. 56.

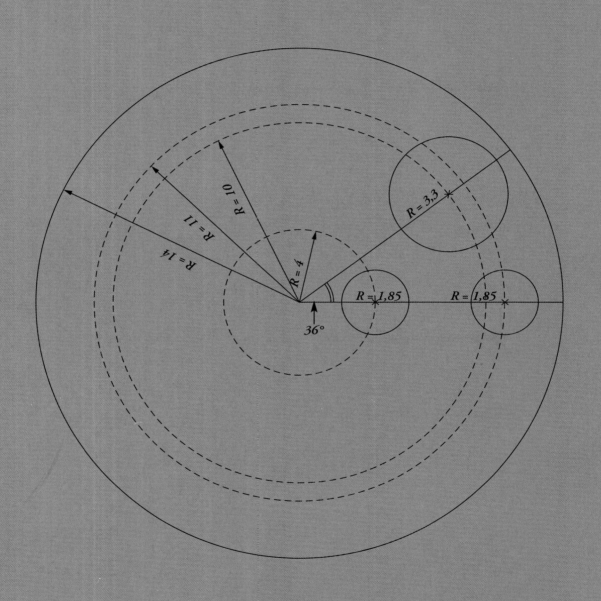